1559 年，戚继光组建戚家军

1582 年，利玛窦来到中国

1598 年，露梁海战

1662 年，郑成功收复台湾

1572 年，张居正担任内阁首辅

1596 年，《本草纲目》正式发行

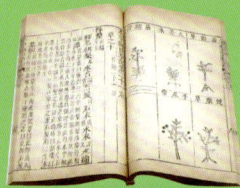

1608 年，徐霞客第一次正式出游

一米阳光童书馆
little ray of sunshine

编　者：一米阳光童书馆成立于 2012 年 8 月，由几位志同道合的知名童书推广人和海归妈妈共同组建而成。童书馆以"每一本好书，都是照进孩子心中的一米阳光"为核心理念，用父母心，做平凡事，致力于用现代手法叙述传统故事，全力帮助每一位孩子爱上阅读，开启更加丰富的人生。

明知 YuZhi
奂知　手绘组
YuZhi　Freehand Drawing Group

绘　者：奂知文化手绘组，享誉国内的顶级手绘工作室，成立于 2015 年，团队成员来自游戏设计、壁画、影视、艺术品设计、舞台、雕塑、油画等行业，坚持精细化创作，致力于通过手绘方式为读者带来"革命性阅读体验"。

创作团队：
项目策划　刘祥亚
项目统筹　牛瑞华　张　娜　崔珈瑜
美术顾问　樊羽菲　支少卿　谢步平　王少波　程建新　徐　杨　申　杰　周　爽　邓称文
文字撰写　李智豪　沈仲亮　余瀛波　郭梦可　牛齐培　陈阳光　吴　梦

阅读建议

亲爱的读者朋友们，欢迎您打开这套书，走入中国历史文化的长廊，共同感受 5000 年中华文明的璀璨成果。为了便于大家阅读，特做出几点说明：

（1）此次历史文化之旅的起点是距今约 70 万到 20 万年之间的北京猿人，终点是 1912 年清帝退位。在几十万年的历史长河中，我们选择了 104 个专题，每个专题由两部分组成，第一部分是以手绘大图的形式进行历史场景的还原，第二部分是相关主题的知识问答（每个专题分设了 8~10 个小问题）。

（2）每个历史场景都像一个展览橱窗，展示了中国历史上的高光时刻，在欣赏画面的同时，还可以关注画面四周的文字，我们设置了许多与历史事件相关的知识点、兴趣点和思考点，家长陪伴孩子阅读和对画面进行讲解的时候，可以参考这些内容。

（3）专题知识采用一问一答的形式，在设置问题的时候，我们充分考虑了孩子的认知水平和兴趣点，并针对全国十余所中小学的学生做了上万份调查问卷，力求站在孩子的角度问出他们最感兴趣的问题，并用孩子听得懂的方式进行解答。

（4）每个专题既相对独立，又有时代上的联系性，可以作为随手翻开的历史百科书。我们在每册的开篇还设置了"历史长河站点示意图"，读者朋友们可以通过这个示意图查看每个主题的位置和关联。

图书在版编目（CIP）数据

大明王朝 / 一米阳光童书馆编；奂知文化手绘组绘
. -- 北京：北京联合出版公司，2020.12（2024.4 重印）
（手绘中国历史大画卷）
ISBN 978-7-5596-3801-4

Ⅰ.①大… Ⅱ.①一… ②奂… Ⅲ.①中国历史—明代—少儿读物 Ⅳ.①K248.09

中国版本图书馆 CIP 数据核字(2020)第 188211 号

手绘中国历史大画卷7：大明王朝

编　　者：一米阳光童书馆
绘　　者：奂知文化手绘组
出 品 人：赵红仕
选题策划：阳光博客
责任编辑：周　杨
封面设计：阳光博客+李昆仑

北京联合出版公司出版
（北京市西城区德外大街83号楼9层　100088）
北京联合天畅文化传播公司发行
天津创先河普业印刷有限公司　新华书店经销
字数166千字　787毫米×1194毫米　1/8　8印张
2020年12月第1版　2024年4月第4次印刷
ISBN 978-7-5596-3801-4
定价：798.00元（全8册）

一米阳光童书馆◎编　　　夬知文化手绘组◎绘

手绘中国历史大画卷 ⑦

—— 大明王朝 ——

北京联合出版公司
Beijing United Publishing Co.,Ltd.

目 录

明成祖朱棣是有名的马上皇帝，他在位期间，曾经五次亲征漠北，每次亲征都以北京为大本营，可见迁都北京很大程度上是为了边防。

永乐迁都

1402年，朱棣在南京登上帝位，第二年就将自己的龙兴之地北平改名北京，经过近二十年的准备，终于在1421年正式从南京迁都到北京。

北征蒙古

大运河

明成祖迁都北京的决定曾遭到过很多人的反对，即使已经在迁都的路上了，仍然有反对者在讨论着对策。你能找到这几个执着的人吗？

修建中的北京故宫

明成祖

你能在画面中找到这个人吗？提示：他背着包袱站在行进的队伍中，看上去似乎与其他人有些格格不入。

朱棣的皇位是从他侄子手里抢来的？

是的。朱棣（1360—1424年）是明朝开国皇帝朱元璋的第四个儿子，也是明朝的第三位皇帝，年号"永乐"，明成祖是他的庙号。

朱棣10岁时被朱元璋封为"燕王"，20岁正式成为镇守北平的"藩王"，负责防范北方蒙古贵族的势力，曾率军打败蒙古首领乃儿不花，从而声望日隆。

在朱棣38岁那年（1398年），朱元璋去世，因为太子朱标早逝，皇太孙朱允炆（wén）即位，年号"建文"，史称建文帝。登基伊始，建文帝就力行削藩政策，想要削弱以朱棣为代表的藩王的势力。

不甘束手就擒的朱棣以清除皇帝身边的奸臣为名，起兵攻打建文帝，这场战争被称为"靖难之役"。经过4年的鏖战，"靖难军"于1402年攻破首都南京，42岁的朱棣正式即位为皇帝。

现代书画家杨令茀（fú）临摹的《明成祖朱棣像轴》

为什么要迁都北京？

首先，在情感上，朱棣20岁就开始奉命驻守北京（当时叫北平），这里就是他的第二故乡，是他的"龙兴之地"。

其次，南京是建文帝旧地，那里还有许多忠于建文帝的臣子，对朱棣的统治不利。

还有一个更重要的现实原因——"天子守国门"，当时明朝的主要威胁是北方的蒙古势力。正式迁都之前，朱棣曾数次亲征蒙古，北京都是集合地点和指挥中心。可以说，迁都北京对于他稳固皇权有着极大的作用。

除了迁都之外，朱棣还决心修一部巨著彰显国威，造福万代。他先后命解缙、姚广孝等主持编纂，编纂队伍累计达3000多人，终于修成了一部集中国古代典籍于大成的类书——《永乐大典》。全书22877卷（凡例、目录60卷，共计22937卷），11095册，约3.7亿字，汇集了七八千种古今图书，被誉为"世界有史以来最大的百科全书"

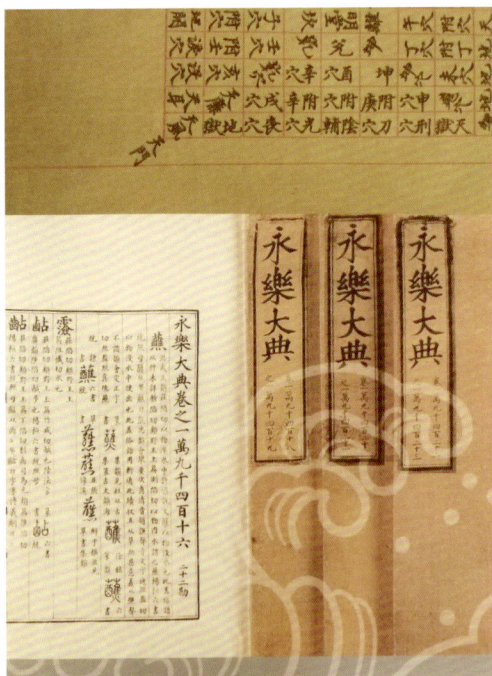

北京都有过哪些"曾用名"？

北京是一座历史悠久的古都，别称更是有很多。公元前1122年，周武王灭商后进行分封时，在燕封召公，将此地称为"燕都"，北京城也是在这时建城的。

两汉、魏、晋、唐代都曾设置过幽州，这里的幽州也在北京一带。到了辽代，称这里为"南京"（又称"燕京"）。后来，此地又成了金代的"中都"和元朝的"大都"。1368年，朱元璋派大将徐达攻占元大都，为了记载平定北方的功绩，将这里改名为"北平"。

1403年（永乐元年），礼部尚书李至刚上书，建议将北平立为"京都"，朱棣高兴地同意了，并特意将"北平"改为"北京"。

为了迁都，永乐帝做了哪些准备？

首先当然是修建皇宫了。早在1406年（永乐四年），朱棣就已经开始准备修建北京皇宫，他下令以南京皇宫为蓝本，并派出官员寻找上好木材与石料运到北京。在北京，工部设立五大厂——神木厂、大木厂、台基厂、黑窑厂、琉璃厂加工原料。地方上，如苏州、松江等地还要烧制皇室建筑专用砖——"金砖"并进行转运。

1416年，朱棣命令群臣讨论迁都事宜，将营建北京皇宫提上日程。第二年正式开工，1420年建成，这就是后世著名的紫禁城，也是今天的北京故宫。

其次，迁都最重要的是解决物资运输问题，所以还要疏通运河。

元代对隋唐时期修建的大运河做了改进，先后修建济州河、会通河、通惠河，绕过洛阳，让大运河直接通过山东进入大都（即北京），但元代的水利专家一直没有解决山东段淤塞的问题，所以，当时主要通过海运解决北方的粮食问题。

明故宫遗址出土的黄琉璃龙纹瓦当

1409年，工部尚书宋礼负责疏通会通河，他修了一个巨大的水库解决了水量和分流的问题，从而疏通了山东段的会通河。1415年，漕运总督陈瑄对运河做了进一步的疏通，开凿了"清江浦"。

在这些举措下，运河南北畅通起来，为迁都北京奠定了物质基础。

紫禁城工程的负责人是谁？

这个问题暂时还没有准确的答案，但是有两个人在其中发挥了重要的作用，一位是蔡信，一位是蒯（kuǎi）祥。蔡信时任工部营缮司郎中，负责营建紫禁城的一切调度。蒯祥是苏州吴县（今江苏苏州）人，相传他只需要很短的时间就可以设计出宫殿图纸，并发明了"活门槛"，被皇帝称为"蒯鲁班"，官至工部左侍郎。

可以确定的是，修建北京城是千千万万工匠与劳役共同努力的结果，是人民群众血汗与智慧的结晶。

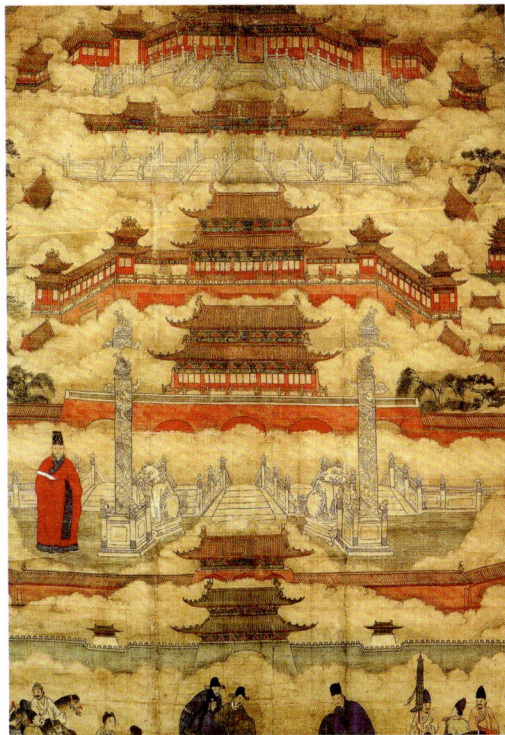

明代画家朱邦《北京宫城图》（局部），现收藏于大英博物馆，据说画面里的人就是蒯祥

明朝紫禁城的三大殿是什么？

三大殿是指太和殿、中和殿、保和殿，是紫禁城的外殿。三大殿是明清时期皇帝行使权力、举行隆重典礼的地方。三大殿中最大的宫殿是太和殿，保和殿其次，中和殿最小。

1420 年（永乐十八年），紫禁城宫殿群建好，宣布次年正月初一开始将在新殿上朝。但是因为中国传统建筑多为木质结构，防火性能较差，而且太和殿极高但是避雷措施十分落后，导致它在建成第二年就失火了，三大殿全被烧毁。直到朱棣去世，三大殿也没有修复，到了朱棣的曾孙明英宗朱祁镇时，三大殿才修复完成。

迁都之后，边防问题解决了吗？

虽然迁都是为了解决北方边境问题，但北京距离游牧民族太近，当王朝实力下降的时候反而容易受到攻击。永乐年间国力强盛，朱棣又是一个优秀的军事家，所以边境比较祥和。但到了明中后期，北京多次面临兵临城下的危险，于是不得不修建外城，但依然挡不住游牧民族骑兵的进攻。

明代城墙砖窑

外城是什么时候修建的？

明朝的北京外城指的是宣武门、前门、崇文门这三门以南，相当于今天北京市西城区、东城区的南部。

1476 年（成化十二年），定西侯蒋琬首先倡议加筑外城，但并没有落实。

1550 年（嘉靖二十九年），发生"庚戌之变"，即蒙古俺答汗率兵攻至北京城近郊并且烧杀抢掠八日后退回蒙古。之后，明世宗朱厚熜（cōng）下令建造正阳、崇文、宣武三关厢外城（关厢指的是城市建筑密度提高，用地向城门外，沿道路扩张，形成新的城区），但是不久后便停止了。

1553 年，兵科给事中朱伯宸建议继续修筑外城，初步设想将内城、天坛、先农坛包围起来，但是发现工程量太大难以实现，于是更改计划，最终建成外城与七座城门，即永定门、左安门、右安门、广渠门、广宁门（清代改名"广安门"）、东便门和西便门，其中永定门是北京外城城门的正门，也是最大的一座，北京内、外城就此定型。

明清两代的紫禁城有什么区别？

明清两代的紫禁城有所区别，但是区别不是很大。

三大殿之一的太和殿经历了数次失火、重建、破坏，一直到 1695 年（清康熙三十四年）再次重建，并将大殿两侧斜廊拆除，改为防火墙，自此才减少了火灾威胁。根据复原图对比，清太和殿比明太和殿小了许多。

除了太和殿以外，坤宁宫也是变化比较大的一个宫殿。在明代，坤宁宫是皇后居所；在清代，这里则改为皇帝大婚和举行祭祀的场所，并按满族习俗修建大炕。

1644 年，李自成败退时曾放大火焚毁紫禁城，造成了极大的破坏，所以，我们现在看到的紫禁城多是清代重建的。

今天的故宫鸟瞰图

郑和下西洋

1405 年（永乐三年）7 月 11 日，郑和在苏州刘家港下海，开始了一场中国古代史上人数最多、影响最大的远航征程和海上冒险，以至于梁启超曾说："郑和之后，竟无第二之郑和。"

面具在非洲有着悠久的历史，甚至早在南非的史前岩画中，就曾发现有佩戴面具跳舞的妇女形象。你能找到这副神秘的面具吗？

伊朗

阿拉伯

印度

非洲

一头驴突然闹起了脾气，无论主人怎么拖拽，它都不挪动分毫。你能找到他们，然后帮这个无奈的主人找到解决办法吗？

一只野猫见四下无人，正在偷吃呢！它会被发现吗？

刘家港

泰国

发生了什么？竟然有三个人同时摔倒了！快找到他们！

热情的当地百姓

郑和

随行的官员

在印度，大象的地位非常崇高，甚至有"大象节"，在这天，人们会把大象的皮肤上画满装饰图案，给它披上颜色艳丽的锦缎。你能找到这头来自印度的大象吗？

7

郑和为什么被称为"三宝太监"？

郑和，明代航海家、外交家，1371 年出生，本姓马，字三保，云南人。作为一名虔诚的伊斯兰教徒，他一直梦想去圣地麦加朝拜，所以对航海技术很感兴趣。据推测，他是在明平定云南时被俘，被施以宫刑，成为太监的。后来，他随军进入北平燕王府，因为为人机敏，逐渐成为朱棣的亲信。

靖难之役中，马三保屡立战功。作为回报，马三保被提拔为内官监太监，皇帝御书赐姓郑，改名为郑和，成为朱棣最信任的宦官之一。因其小字三保，"保"亦作"宝"，故又被称为"三宝太监"。

郑和像

明代人眼中的"西洋"是哪儿？

明代的"西洋"和近代的"西洋"不一样，后者是指大西洋两岸即欧美各国。但是在明朝人的眼中，西洋与东洋是以中国为中心划分出的地理概念，两者的分界线大约在文莱，其以东的海洋及沿岸地区称"东洋"，以西的海洋及沿岸各地，称为"西洋"，即今马六甲、苏门答腊以西的印度洋及其沿岸地区，包括阿拉伯半岛和非洲东海岸在内。

为什么要下西洋？

首先，朱棣与朱元璋不同，朱元璋奉行"海禁"，对海外世界采取较为消极的外交政策；而朱棣则对海外世界充满好奇，并采用了积极的外交政策。为了突显大明"天朝上国"的地位，他在位期间曾组织过六次下西洋的活动。

另外，传说"靖难之役"之后，朱允炆并没有死，而是流落到了民间，并且去了海外。《明

麒麟是中国古代神话中的瑞兽，集狮头、鹿角、虎眼、麋身、龙鳞、牛尾于一体，象征着祥瑞

史·郑和传》也记载道："成祖疑惠帝亡海外，欲踪迹之。"因此，朱棣派遣郑和等亲信宦官下西洋的动机还有可能是去海外寻找朱允炆。

所以，朱棣派郑和下西洋应该是多种动机共同作用的结果。

郑和第一次下西洋带了多少人？

第一次下西洋，郑和共率领 27800 多人，共计 62 艘大船和 255 艘小船，分为前营、左营、中营、右营、后营五队。

江苏南京的郑和宝船遗址公园

为了这次航行，早在永乐元年，朱棣就下令开始准备下西洋的物资与船舶。在福建、浙江、湖广、江西、苏州等地的造船厂接受任务，共造出了"战船""座船""马船""粮船""宝船"等各种船，其中"宝船"是郑和统领的船，也是最大的船。

1957 年，在南京市鼓楼区的龙江船厂遗址出土了一根 11 米长的宝船龙骨，据此推测，宝船的大小应该符合史书上"长四十四丈四尺，宽十八丈"的记载。

郑和下西洋都到了哪些地方？

郑和一共七下西洋，从 1405 年开始，一直持续到 1433 年结束，船队穿越印度洋，最远到达非洲东海岸和红海沿岸。

第一次下西洋，郑和首先到占城（今越南）、爪哇，穿越马六甲海峡进入印度洋，到达锡兰山（今斯里兰卡），同年冬天，船队到达了位于印度半岛西南端的古里并在当地进行贸易，这是第一次下西洋的终点。

第二次下西洋是在 1407 年，因为主要目的是送使者回国，所以路线大致一样。

第三次是在 1409 年 10 月，到达的主要国家有锡兰山国与满剌（là）加。

第四次航行在 1413 年正式出发，船队首次绕过阿拉伯半岛，航行到东非马林迪。此后三次下西洋多是前几次的航路。

最后一次下西洋，郑和活着回来了吗？

1430 年（宣德五年），明宣宗朱瞻基命令郑和重下西洋，于是郑和率船 61 艘、27550 人开始了第七次远航。

第七次下西洋，郑和船队从南京出发，经长乐出海，过占城、暹（xiān）罗，最远到达非洲南端，接近莫桑比克海峡。据传说，最后一次航行，郑和没有返回故土，而是死在了归国的路上。南京牛首山的郑和墓只是一座衣冠冢。

郑和下西洋的意义是什么？

郑和七下西洋，先后共到达了亚洲和非洲三十余个国家和地区，丰富了中国人的海外见闻，对西洋地理有了更深的认识。而且，不同于西方带有殖民色彩的远航，郑和的航行极大地促进

了各国人民的经济交流与物种交换，增进了各国之间的友谊。因此，郑和还被视为明朝的和平使者。

比如，郑和的船队到达第一次航行的终点——古里时，古里国国王举行了隆重的欢迎仪式，郑和还在古里建造碑亭并刻碑留念："其国去中国十万余里，民物咸若，熙暤（hào）同风，刻石于兹，永昭万世。"意思是："虽然这个国家与中国有十多万里远，但是这里的民风和物产与中国相似，生活习惯也差不多，特立此碑，昭告天下。"

为什么王朝正史里对"下西洋"少有记载？

在明朝中后期，保守主义在士大夫中占据上风，对于郑和下西洋更多持批评态度，认为这种行为空耗国力，是弊政。

再加上明朝的国力已经不再强盛，大臣们认为再次下西洋会损耗国库。成化帝曾经对郑和下西洋很感兴趣，想看相关的档案典籍，却被时任车驾郎中的刘大夏劝说"三保下西洋，费钱粮数十万，军民死者万计"而只能作罢。

另外，郑和是一个宦官，伴随着后来宦官专权，宦官与官僚之间的矛盾也逐渐加深，负责记载的官吏自然不愿意去过多记录一个宦官的事迹。

虽然官方记载不多，但是民间关于郑和的记载却有很多流传下来，文学作品有明代罗懋（mào）登所著的《三宝太监西洋记通俗演义》，晚清时期彭鹤龄小说《三保太监下西洋》，戏曲作品有明代杂剧《奉天命三保下西洋》。

知识拓展：《三宝太监西洋记通俗演义》

《三宝太监西洋记通俗演义》（又名《三宝开港西洋记》《三宝太监西洋记》），即《西洋记》，是罗懋登所著的长篇章回体神怪小说，成书于 1597 年。全书二十卷，共一百回，根据郑和下西洋的史实，采取虚实结合的方式，讲述了郑和下西洋这一路上斩妖伏魔，降服三十余国的故事。

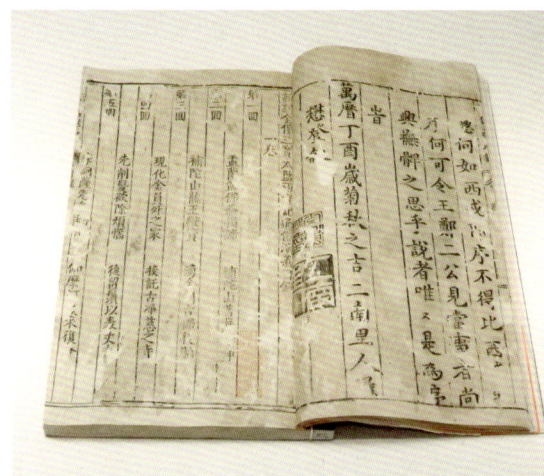

此书的文笔与情节略显平庸，但是具有很强的时代意义。作者生活在明朝国力江河日下的万历年间，沿海地区频受倭寇侵扰，罗懋登深感悲痛。当时民间世俗文化正处于巅峰，神怪小说流行，于是他借古喻今，在描绘郑和的英雄事迹背后，隐藏着对海疆危机的深深忧虑，希望统治者能够发愤图强，消弭海患，重振国威。

《三宝太监西洋记通俗演义》

北京保卫战

1449年的北京保卫战是明朝历史上一次十分重要的战役，因为京城一旦失陷，落入蒙古人手中，北方将无险可守，中国可能再度陷入分裂之中。

神机营的火铳（chòng）手在前队拦射瓦剌骑兵，后方的弓箭手则万箭齐发。你能在画面中找到隐藏的弓箭手吗？

明军

神机营火铳手

明军能获得北京保卫战的胜利，离不开一个人，那就是于谦。想知道他为这场战役都做了哪些准备吗？请翻到下一页去寻找答案吧！

瓦剌骑兵虽然骁勇善战，但是在明朝火器的打击下，也开始溃不成军。画面中有一个瓦剌士兵中枪了，你能找到他吗？

于谦

德胜门

瓦剌将领孛罗

瓦剌军

明军的将士们纷纷拿出了破釜沉舟的士气，有一位士兵竟然与瓦剌骑兵展开了近身肉搏，这位勇敢的士兵在哪儿呢？

德胜门始建于1437年（明正统二年），是明清时期北京内城九门之一，也是最重要的城防阵地，并一直保留到了今天。

有一个瓦剌士兵从马上摔下来了！周围发生了什么？

11

为什么北京城会面临危险？

明英宗朱祁镇登基后，张太皇太后病逝，四朝元老杨士奇、杨溥、杨荣或贬或死，太监王振得宠。当时，蒙古瓦剌部逐渐强盛，不断入侵北方，造成了威胁。在王振的鼓动下，1449 年（正统十四年），朱祁镇亲率 20 万大军草率出征。

到达大同之后，王振听说前线战败，心生恐惧后劝说朱祁镇退兵。结果，明军在退兵的过程中被蒙古人追击，在土木堡（今河北怀来东）被围歼，皇帝被俘虏，因发生的地点在土木堡，所以称"土木堡之变"。

土木堡一役，明军伤亡近 10 万，英国公张辅、成国公朱勇、兵部尚书邝埜（kuàng yě）、户部尚书王佐、内阁学士曹鼐（nài）等 50 余名高官战死，更为严重的是首都北京直接面临威胁。

土木堡之变遗址

瓦剌部是如何崛起的？

1368 年（洪武元年），徐达率军攻克元大都，元顺帝北逃，在塞北建立北元，从此结束了元朝在中原近百年的统治，但是仍然对明廷构成重大威胁。

随着明廷对蒙古的用兵，蒙古逐渐分裂为三部，分别是蒙古本部鞑靼、瓦剌和兀良哈三卫。明成祖时曾重创鞑靼部落，首领阿鲁台称臣，瓦剌乘机扩充自己实力。1408 年（永乐六年），瓦剌首领马哈木等遣使请封。

为争夺蒙古汗位，瓦剌与鞑靼部频繁争战并逐渐占据上风，马哈木的儿子脱欢向东攻杀了鞑靼的阿鲁台，拥立元朝皇帝的后裔脱脱不花为可汗，自称丞相，最终统一蒙古。

脱欢死后，他的儿子也先称太师，瓦剌部日益强大，最终导致了土木堡之变。

为了应对危机，明廷都做了些什么？

面对危机，明廷采取了三方面的措施。

首先，皇太后命朱祁镇的弟弟郕（chéng）王朱祁钰代理皇帝。朱祁钰正式即皇帝位后，改次年为景泰元年，尊朱祁镇为太上皇。

其次，追究王振党羽的责任。朱祁钰在午门前摄政后，都察院右都御史陈镒联合其他大臣在朝廷上弹劾王振，提议杀其同党，灭其全族。群臣群情激奋，在户部给事中王竑（hóng）的率领下，活活打死了王振党羽锦衣卫指挥马顺以及太监毛贵和王长随，王振被灭族，家产被没收。

于谦像

最后，于谦据理力争，反对翰林院侍讲徐有贞迁都南京的计划，并得到新皇帝朱祁钰的支持。朱祁钰任命于谦为兵部尚书，主持北京保卫战。

于谦为什么被称为"救时宰相"？

于谦（1398—1457 年），字廷益，号节庵，浙江钱塘（今浙江杭州）人，因为官至少保，世称于少保。

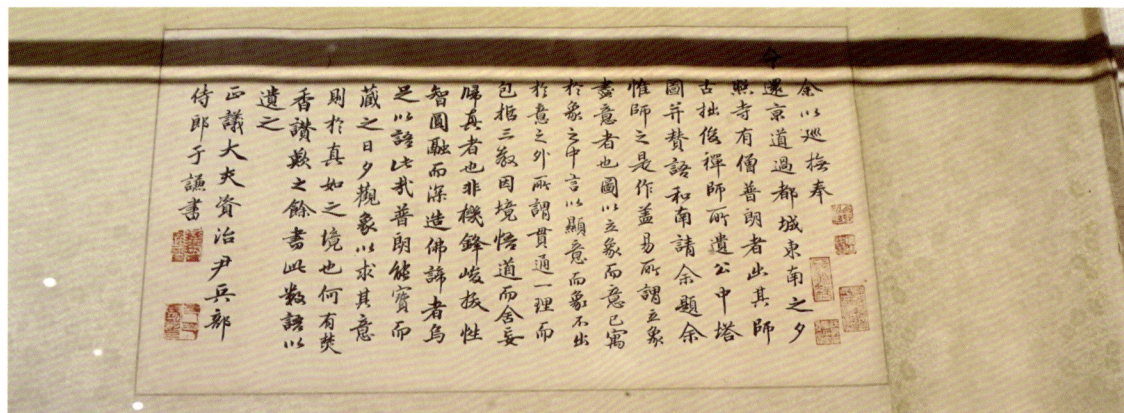

于谦的奏折

1398 年（洪武三十一年），明开国皇帝朱元璋病逝，同一年，于谦出生。他为人刚直忠烈，在幼年读书的时候，就将"殉国忘身，舍生取义"作为自己的人生信条。

1421 年（永乐十九年），于谦中进士。1426 年（宣德元年），他随明宣宗朱瞻（zhān）基平定朱高煦叛变，为朱瞻基所欣赏，后升为兵部侍郎。

土木堡之变时，于谦坚决主战，临危受命，被任命为兵部尚书，主持北京保卫战，成功解除瓦剌部对北京的威胁，人称"救时宰相"。《明史》更是称赞他："忠心义烈，与日月争光。"

为了赢得胜利，于谦采取了哪些行动？

因为明军的大部分主力都已经在土木堡殉国，于谦只好从北直隶、山西、山东、河南召集后备军，包括备操军、备倭军、运粮军等，并动用一切手段，把通州的几百万石粮食运进京城并储备起来。在瓦剌首领也先打过来时，北京城已经有了 22 万守军，北京周边防务得到很大整顿。

在防卫方面，于谦采用了积极防御的政策，将 22 万大军分守北京九门外，并且将政事托付给侍郎吴宁，亲自在直面瓦剌军的德胜门督战。

大战之前，于谦还颁布了一道前所未闻的军令："临阵将不顾军先退者，斩其将。军不顾将先退者，后队斩前队。"并命令军队出城后关闭所有城门，不留后路，众军因此死战得胜。

明代铜御马监驾牌
御马监是明代宦官官署名，十二监之一，是明代宦官机构中设置较早的一个，有军事和财政两大职能。北京保卫战最激烈的战斗发生在西直门和广宁门（今广安门）。其中，守卫西直门的是御马监太监刘永诚的侄子右军都督刘聚，在广宁门主动出击瓦剌军的则是御马监提督留守北京的四卫勇士、旗军

北京保卫战是如何打响的？

1449 年 10 月 27 日（正统十四年十月十一日），也先率军到达北京城下，北京保卫战前锋战开始。也先首先进攻西直门，西直门守将刘聚迎击，打败也先前锋部队，夺回被俘百姓。

第二天，也先听从叛徒喜宁建议，挟持英宗朱祁镇索求金帛，于谦识破计谋并夜袭破敌。接下来是北京守卫战最激烈的一日，也先派他的弟弟孛（bèi）罗率领精锐进攻德胜门，于谦先派小队骑兵诱敌，待其进入埋伏圈后，用神机营进行射击，孛罗中枪而亡，一万骑兵近乎全歼。而后几日，也先处处碰壁，于是挟持英宗朱祁镇由紫荆关（位于河北易县紫荆岭）撤向塞外，北京保卫战结束。

明代单眼竹节铁铳

新即位的朱祁钰是一个好皇帝吗？

朱祁钰（1428—1457 年）在位期间励精图治，知人善用，北京保卫战之后，他选择休养生息，重用于谦、江渊、商辂（lù）、胡濙（yíng）等能臣，清除宦官势力，风气一新。

因为当时水患频发，朱祁钰下令对受灾严重的山东、河南等地减免税赋，赈济灾民，同时带头厉行节俭，命徐有贞治水，取得成功。

内政渐稳之后，他又改革军队，平定南方少数民族的叛乱，明朝国力蒸蒸日上，又恢复了曾经的荣光。

朱祁钰虽然只在位八年，却改变了朝政的颓势，推动明朝中兴。虽然贪恋权位，不肯迎回朱祁镇，并在朱祁镇回国后将其软禁，但是他仍不失为一代英主。

景泰帝朱祁钰的陵墓——位于北京西山的景泰陵

朱祁镇去哪儿了？

朱祁钰当上皇帝后，没有主动派出使者进行谈判，也没有提出迎回朱祁镇，所以朱祁镇回不去北京，只好在草原生活。

土木之变后，也先曾经多次尝试用朱祁镇骗开城门、换得财富，但都没有成功，对也先来说，朱祁镇已经没有了价值。

但是，他仍对朱祁镇照顾有加，每两日进贡一只羊，七日一头牛，只是草原地区并没有瓜果蔬菜以及米饭，朱祁镇十分不适应当地的生活。不过，朱祁镇与也先之弟伯颜帖木儿相交甚欢，还结成了兄弟。

滞留塞北一年后，朱祁镇终于归国，此时的年号已经从"正统"改成了"景泰"。

南宫复辟

　　1457年，朱祁钰病重，将领石亨、太监曹吉祥、政客徐有贞等人趁机发动政变，拥戴被囚禁在南宫的朱祁镇复位。这场被后世视为毫无意义的皇位之争却让明朝的统治危机日益加重了。

大殿两旁的士兵中，只有一个人的内衬与其他人不同，你能找出他在哪里吗？

君王牛夷

曹吉祥

朱祁镇

徐有贞

锦衣卫

补子，又称"胸背"或"官补"，是明清官服胸前或后背上的织缀。通常来说，文官的补子图案用飞禽，武将的则是用猛兽。明朝后期官场腐败，所以"衣冠禽兽"慢慢成了贬义词，比喻道德败坏。

明朝的官服分为红、青、绿三色，其中红色是当朝一品至四品大员的官服，青色为五品至七品官员的官服，而绿色就是七品之下官员的官服。大概数一数，朝堂上穿哪种颜色官服的官员最多？

交头接耳的这几个人正是这场政变的策划者，他们被后世视为投机分子。这些人会面临什么样的结局呢？

锦衣卫是明朝专有的情报机构，不仅充当皇宫侍卫，还从事侦察、逮捕、审问、收集军情等活动。你能找到锦衣卫吗？

仔细观察，朝堂两侧的布置是完全对称的吗？

←← 朱祁镇是什么时候回国的？ →→

1450 年，明朝使臣杨善将朱祁镇接了回来，景泰帝朱祁钰用轿一乘、马两匹这种极为简陋的仪式迎接。

回国之后，朱祁镇被软禁在南宫，尊为太上皇，不许与外人接触。景泰帝让锦衣卫严密管控，将宫门上锁并在锁眼里灌铅来确保其不能打开，食物也只能由小洞递入，仅能维持日常生活。

朱祁镇没有经济来源，也无法向朱祁钰提出要求，无奈之下，朱祁镇的妻子钱皇后只能自己动手做女红，托人带出去换取钱粮，维持生活。

不仅如此，在南宫周围有几棵大树，朱祁钰以南宫周边的树木太多，容易隐藏奸细与刺客为借口砍伐了南宫附近的所有大树，以便监视。

1452 年（景泰三年），朱祁镇的儿子，当时的皇太子朱见深被废，朱祁钰另立自己的儿子朱见济继任太子。

朱祁镇被软禁了八年，直到南宫复辟，他才恢复了正常的皇室生活。

清·黑缎地绣孔雀钱包
女红指的是古代女子所做的针线、纺织、刺绣、缝纫等工作和这些工作的成品

"南宫复辟"是如何发生的？

1457 年 2 月 10 日夜，右都督张𫐑（ní）根据计划率军进京，因为保管京城钥匙的石亨也是密谋复辟的成员之一，所以畅行无阻。

在徐有贞的带领之下，投机分子石亨、张𫐑（yuè）、太监曹吉祥、太常卿许彬、左都御史杨善等人领军前往朱祁镇所在的南宫，砸开宫墙并请求朱祁镇复辟。朱祁镇同意之后，士气高涨，众军簇拥着他直奔内城。一路上，朱祁镇询问前来复辟的人员名字，并表示之后会一一封赏。

因为南宫（今缎库胡同内）距离内城的东华门最近，于是一行人来到了这里，只要进入门内，到奉天殿敲响钟鼓宣布上朝，复辟就成功了。

姚文瀚笔下的明英宗朱祁镇

但是守门的士兵不肯开门，朱祁镇站出来大喊"我太上皇也"，守门的士兵不敢阻拦，只好开门。于是，众人顺利进入了皇宫，朱祁镇迅速进入奉天殿，登上宝座，敲响了朝会的钟鼓，百官进行朝拜。众人在徐有贞的带领下大喊"太上皇复辟了"，并高呼万岁。

就这样，朱祁镇复辟成功，因为他之前一直被软禁于南宫，故称"南宫复辟"，又称夺门之变。

东华门

得知朱祁镇复辟后，朱祁钰有什么反应？

朱祁镇上朝敲钟时，朱祁钰生重病，正在寝宫休息。听到钟鼓声后，他询问左右侍奉之人是否于谦敲钟，左右回答是太上皇朱祁镇，朱祁钰平静地说："哥哥做皇帝，好！"

朱祁镇上朝后，立即将兵部尚书于谦和大学士王文逮捕入狱，并将朱祁钰软禁到永安宫。两个月后，朱祁钰离奇死亡。随后，朱祁镇改景泰八年（1457 年）为天顺元年。

不久，朱祁镇下诏斥朱祁钰"不孝、不悌、不仁、不义，秽德彰闻，神人共愤"，并废其帝号，赐谥号为"戾"，称"郕戾王"。不仅如此，朱祁镇还不允许朱祁钰安葬于帝陵，而是按亲王礼将他葬在北京西山（景泰陵）。朱祁钰也成为唯一一个在迁都后没有被葬入明十三陵的明朝皇帝。

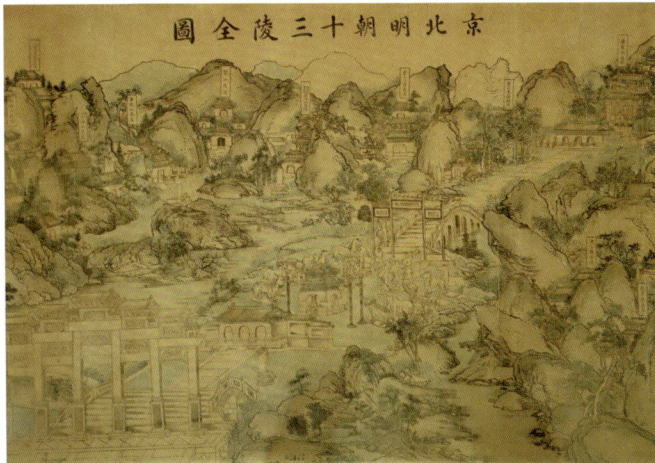

明十三陵是中国乃至世界现存规模最大、帝后陵寝最多的一处皇陵建筑群。自 1409 年（永乐七年）始作长陵，到明朝最后一位皇帝崇祯帝葬入思陵止，其间 230 多年，先后修建了十三座皇帝陵墓，并因此得名

为什么复辟能如此顺利？

按照后来的史学观点，大多认为这场政变没有必要。因为当时朱祁钰病重，并且他唯一的儿子朱见济五岁就不幸早夭，皇位的继承人也只有朱祁镇的儿子朱见深，但是当时朱见深只有十岁。因此，在这种情况下，朱祁镇重新做皇帝是最大的可能。

这也是这次政变能够做到兵不血刃、少有阻拦的原因，连兵部尚书于谦提前知道消息后都不加以阻止，所以别的大臣更不会多管闲事。

为什么说夺门之变是历史的倒退？

朱祁镇复辟后，于谦等在北京保卫战中立功以及拥戴景泰帝朱祁钰的大臣都遭到了迫害，他们有的被处死，有的被贬，有的被流放充军。而所有参与复辟，帮助朱祁镇夺回帝位的投机分子（"夺门派"），如石亨、张𫐐、许彬、徐有贞、杨善与曹吉祥等人都被拜官封爵。这些人中以曹吉祥、徐有贞、石亨最为显贵，又恃宠而骄，在朝中横行霸道。

夺门之变后，朝中政治势力大变，很多良臣被清洗而无道之臣身居高位，政权逐渐陷入混乱和腐败。再加上文官进行党争，武官的地位日益低下，天顺朝的统治危机逐渐加深。

锦衣卫指挥使腰牌

一代名臣于谦的结局如何？

朱祁镇复位当天，立即下令将于谦和大学士王文等人逮捕入狱。逮捕于谦的原因，更多的是徐有贞的私心。

在北京保卫战之前，徐有贞曾经主张迁都，被于谦驳斥后受罚，这让他开始忌恨于谦。夺门之变后，徐有贞受到重用，担任兵部尚书，他立即利用朱祁镇对其弟的厌恶，诬陷于谦和太监王诚、舒良等人曾策划迎接藩王朱瞻墡入京接替朱祁钰的皇位。

至于杀于谦的理由，徐有贞的解释是：不杀于谦，此举无名！为了自己保证复辟的正当性

与必要性，朱祁镇被成功说服，下令处斩于谦。又因没有具体证据，徐有贞说："虽无显迹，意有之。"1457 年（天顺元年）2 月 16 日，于谦于崇文门外被处斩。

于谦一生清廉，死后抄家并没有发现多余的钱财，贵重的东西只有景泰帝朱祁钰赏赐的蟒袍和宝剑等物。据说孙太后知道于谦被杀，哭了很多天。

1465 年，太子朱见深即位之后，立即为于谦昭雪。1489 年（弘治二年），明孝宗朱祐樘（chēng）追赠于谦为光禄大夫、柱国、太傅，谥号肃愍（mǐn），1590 年（万历十八年），改谥为忠肃。

位于浙江省杭州市西湖区三台山麓的于谦祠

政变的策划者们后来命运如何？

南宫复辟后，"夺门派"发生了内斗，然后逐渐被皇帝清算。

1457 年 6 月，徐有贞指使都察院御史杨瑄弹劾曹吉祥、石亨等人贪污受贿，但没有什么结果。曹吉祥等人构陷反击成功，朱祁镇最后将徐有贞贬为庶民，流徙云南，后赦免。15 年后，徐有贞在众人的鄙视中郁郁而终，时年 65 岁。

而后石亨等人越发跋扈，最终触怒朱祁镇。1459 年，朱祁镇以意图谋反为理由将石亨的侄子石彪逮捕下狱，石亨受到株连，削官为民，后来病死于狱中。

因为其他夺门参与者都已受到惩罚，曹吉祥心生恐惧，于是在 1461 年企图起兵造反。曹吉祥养子曹钦率军攻打城门，幸得守将孙镗（tāng）奋力杀敌，最终造反被镇压。造反失败后，曹钦投井自尽，曹家上下被屠杀，曹吉祥被凌迟处死。此后，"夺门派"大部分都被清算。

龙场悟道

　　1506 年，因为得罪宦官刘瑾，王阳明被贬往贵州龙场当驿丞。但是，他没有自暴自弃，而是积极办学，受到当地民众的爱戴。他还在此"悟道"，成为"阳明心学"发展的起点。

龙场虽然位置偏远，尚未开化，但是民风淳朴。瞧，大家齐心协力盖房子，没有一个人在偷懒。

王阳明

一个妇人做好了午饭，正准备去给自己的丈夫送饭，你能找到她吗？提示：她穿着红色的衣裙。

一只忠诚的小狗一直跟在主人身边，你能找到这一幕吗？

有一户人家的屋顶漏了，快找到这里吧！

一个穿着蓝衣服的小男孩正安静地坐在一旁，看着大人们讨论问题。他在哪儿？

环境优美的龙场

丰收的季节来了！人们正在辛勤地收割水稻，你能找到这两个正在认真劳作的农民吗？

咦？这些人在做什么呢？原来他们在准备盖房子用到的泥浆。在古代，没有钢筋和混凝土，人们都是用木头和泥土来盖房子的。

王阳明为什么能与孔子、孟子、朱熹并称为"四大圣人"？

王守仁（1472—1529年），字伯安，世称阳明先生，浙江余姚人，明代著名的哲学家、教育家。

1499年（弘治十二年），27岁的王阳明中进士步入仕途。虽然他的仕途生涯并不顺利，但是这些磨炼却让他的心学思想不断成熟。再加上他的赫赫战功，更让他的心学思想影响力愈加深远。

1528年（嘉靖七年），王阳明肺病发作，向朝廷上疏乞求告老还乡，考虑到自己的病情，他当机立断，不等朝廷的批复就带着几个随从归乡了。1529年1月9日，他在江西南安府的舟中病逝，留下"此心光明，亦复何言"的遗言。

王阳明是心学集大成者，他的思想是中国哲学史上主观唯心主义的最高峰。1584年（万历十二年），王阳明获准从祀孔庙，表明他的心学最终得到了官方的认可。

阳明心学弟子极多，世称姚江学派。后来阳明心学还传入了日本、朝鲜等国，可见阳明心学的影响力之大。

位于王阳明故居的雕像

为什么阳明心学曾被视为歪理邪说？

12岁时，王阳明便有了自己的辩证思考，曾作诗《蔽月山房》："山近月远觉月小，便道此山大于月。若人有眼大如天，当见山高月更阔。"初看这是一首简单的打油诗，却包含着一个孩子对山和月到底哪个更大的辩证思考。

青年时，王阳明开始学习并且实践朱熹的"格物致知"，他曾在自家院子里"格"了七日七夜的竹子，希望格出圣人之理，但是不仅什么也没有悟出，最后自己还病倒了。王阳明总结了这次的失败经验，认为朱熹的"格物致知"是错误的，它只是对外物的一种认识，而没有去进一步认识自己的心灵。

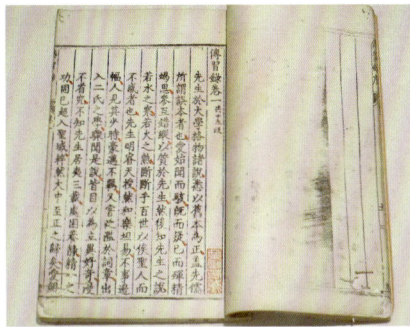

《传习录》是由王阳明的门人弟子对其语录和信件进行整理编撰而成的哲学著作

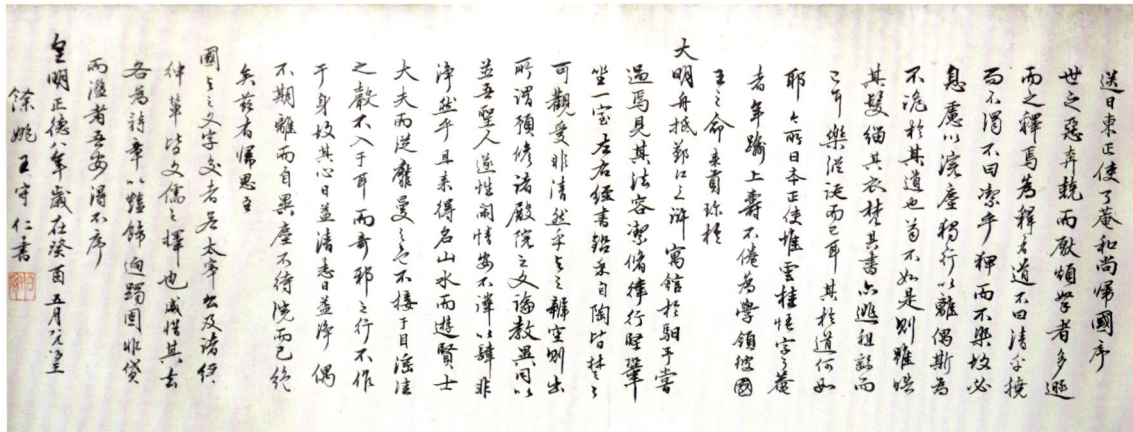

王阳明书法作品

不仅如此，后来的阳明心学与官方认可的程朱理学在很多问题的解释上都存在分歧，因此招致朱子学者的攻击。甚至在王阳明去世之后，嘉靖帝都不给予他恤典，也不允许后代继承他的爵位。

不过，这种不公正的待遇没有遏制住阳明心学的传播和发展。嘉靖年间，南直隶、江西、浙江等地书院林立，阳明门人以书院为基地传播讲学，盛极一时。

"龙场悟道"悟出了什么？

1506年（正德元年）冬，宦官刘瑾擅政并逮捕批评他的南京给事中御史戴铣（xiǎn）等二十余人，六部九卿上疏，王阳明也在其中，并大骂其"权奸"。刘瑾震怒，打了王阳明四十廷杖，并将他贬为贵州龙场驿的驿丞。

当时贵州还未开化，语言不通，属于流放犯人的地方，条件十分艰苦。远离了繁华的都城，脱离了政治的纷扰，在安静而荒芜的地方，王阳明得到了内心的平静。他结合自己这些年的遭遇，从"格竹"到现在上疏被贬，日夜反省，超脱于荣辱得失。

一天半夜里，他忽然有了顿悟，认为"心即理也"，向外物寻求真理是错误的，"圣人之道，吾性自足，向之求理于事物者误也"。这就是著名的"龙场悟道"。

阳明心学的核心是什么？

阳明心学的核心是"致良知"，良知即知晓是非之心，是认知的根源、是非的标准、好恶的根据。

王阳明自己曾说："知是心之本体。心自然会知。见父自然知孝，见兄自然知弟，见孺子

古代龙场驿复原模型

入井自然知恻隐，此便是良知。"

阳明心学的重要工具是"知行合一"，即认识很重要，实践也很重要。就好像大家知道了父母的不容易，懂得孝顺父母的道理，但这只是空想，只有将这种想法付诸实践，真正做到孝顺父母，才是知行合一。

王阳明的知行合一在自己身上也得到了印证，他不仅是书斋里的知识分子，也是战功卓著的军事家，平荡了江西几十年的匪患，还在平定"宁王之乱"中建功立业，可谓是能文能武的"通才"。

王阳明是如何平定江西匪患的？

1516 年，因为兵部尚书王琼十分赏识王阳明，便推举他就职都察院高级长官左佥（qiān）都御史，奉命巡抚江西南部。

当时，江西南部地区土匪盛行，盗贼蜂拥四起，当地的土匪谢志山甚至联合乐昌的盗贼进攻南康、赣州等地，赣县主簿吴玭（pín）战死。王阳明到任后，发现土匪不仅人多势众，而且消息灵通，每次官军进山剿匪不是扑空就是中埋伏，这就证明了官军中有内奸。王阳明责问那些年老狡黠的官吏，找出内奸，赦免了他们的罪过并让他们成为双面间谍，同时还推行"十家牌法"，即十家连坐法。

1517 年，王阳明亲自率军屯兵于上杭，假装退兵，引诱土匪进攻，趁机连破四十余寨，俘斩七千多人。同年，他又率军攻破八十四个贼寨，斩首六千多人，并处死了假意投降的土匪头目，江西数十年的匪患被荡平。

阳明心学的传人有哪些？

清初，学者黄宗羲写下《明儒学案》一书，记载了阳明心学中最著名的六人："南中之名王氏学者，阳明在时，王心斋、黄五岳、朱得之、戚南玄、周道通、冯南江，其著也。"

随着阳明心学的逐渐发展，逐渐以地域分为七个学派："江右学派""南中王门学派""粤闽王门学派""北方王门学派""楚中王门学派""浙中王门学派""泰州学派"，代表人物有聂豹、徐阶、唐顺之、方献夫、王畿（jī）、李贽（zhì）等人。

王阳明的学生之中，最有代表性的当数王畿与李贽。

王畿是浙江绍兴人，字汝中，号龙溪。他将王阳明的"无善无恶是心之体，有善有恶是意之动，知善知恶是良知，为善去恶是格物"这四句教化做了进一步的解释，认为心体既然是至善的，那么它就是没有"恶"的，所以心都是"无善无恶"的，深得王阳明心学精髓。然而，"四无说"与儒家一直以来辩证的性善论或者性恶论相冲突，被一部分学者抵制。

李贽则是一个叛逆的代表。李贽，字宏甫，号卓吾，他追求个性自由与解放，以异端自居，将攻击儒家经典、抨击礼教道学视为己任。他倡导"童心论"，认为人们应该拥有未被知识和伦理熏染的童心，同时提倡"穿衣吃饭，即是人伦物理"，对当时的社会影响极大。

浙江余姚王阳明故居的"鄱阳湖生擒宁王"浮雕

狼筅（xiǎn）是一种用竹子和铁器做成的武器，类似铁丝网，长而多节的毛竹顶端装上铁枪头，两旁枝刺用火熨烫后再灌入桐油，敷上毒药。一支狼筅大约长3米。你能根据描述在画面中找到狼筅吗？

戚继光抗倭

明嘉靖年间，政治腐败，海军废弛，倭患愈演愈烈，祸殃沿海，危及漕运。以戚继光为首的一批爱国将领奋起抵抗，最终荡平危害沿海多年的倭患。

在戚继光的带领下，戚家军的士气十分高涨。这个左手握拳，在心里默默为大家加油鼓劲的年轻士兵在哪儿呢？

戚家军

鸳鸯阵

戚继光

除了训练有素的阵形，戚家军的火器装备也是明军中最普及的，不仅有在当时十分先进的火枪火炮，还有装着两门佛郎机大炮的战车。你能在画面中找到这个拿着火枪射击的士兵吗？

有一名倭寇隐藏在树林中，想要偷袭明军，他的阴谋能得逞吗？快点儿把他找出来！

倭寇

◀◀ 倭寇都是一群什么人？ ▶▶

早是，在元朝末年就有"倭寇"，其活动范围不仅限于中国沿海，还包括朝鲜海域。但是，直到明嘉靖年间，倭寇才大规模爆发，比如1555年（嘉靖三十四年），五十余名倭寇从浙江平湖入境，向杭州进逼，抢掠之后逃向淳安，又半个多月，居然转到了南直隶行省，在常州、苏州附近再次抢掠，最后到了南京城下。

一般认为，日本在此时进入战国时代，大批战败的武士浪人出海劫掠，成了倭寇。随着研究的深入，学者发现倭寇的主体其实是一些进行海上贸易的商人，当海上贸易被禁止时，他们就转而成了倭寇。

还有史学家发现一部分倭寇是"假倭"，比如中国的汪直，他原本是商人，由于船队规模逐渐扩大，财富增多，东南亚和浙江沿海的海盗经常去抢劫他。他一怒之下组织了私人武装，人数达到近万人，同时在日本九州岛建立基地，也被称为倭寇。

倭寇盔甲

为什么明代嘉靖年间的倭寇出现大爆发？

其实，在明朝就有人认为倭寇是商人，"市通则寇转为商，市禁则商转为寇"（谢杰《虔台倭纂》），可见倭寇的出现主要是因为明朝的海禁政策。

海禁政策开始于朱元璋洪武年间，主要是针对商业，即禁止中国人赴海外经商，也禁止外国人来中国经商（朝贡除外）。哪怕是永乐年间郑和七下西洋的时候，民间私人仍然不准出海。

1523年（嘉靖二年），日本的两个朝贡使团在宁波发生了武力冲突，沿路烧杀抢掠，嘉靖帝震怒，大臣也认为"倭祸起于市舶"，所以关闭了贸易港口，焚毁了出海船只，明海禁政策达到顶峰，倭寇也在这一时期大规模爆发。

嘉靖帝死后，即位者隆庆帝采取相反态度，调整政策，允许民间赴海外通商，海禁政策逐渐废弛，倭寇也就逐渐消失了。

戚继光（1528—1588年），山东登州（今山东蓬莱）人，明朝抗倭名将。他出身将家，先祖曾随朱元璋远征云南，有世袭罔替的军功，所以，戚继光16岁就当上了将军。1549年（嘉靖二十八年），21岁的戚继光参加武举乡试，一举中第。次年去北京参加会试，戚继光写的《备俺答策》被上司赏识。1555年，戚继光被调往浙江都司佥事，并担任参将一职，南征倭寇。戚继光到浙江赴任后，在义乌一带招募农民、矿工三千人，配备各式武器，演练鸳鸯阵，训练成一支精锐的部队，后称其为"戚家军"

哪场战役称得上是"最大的一场平倭战争"？

1561年（嘉靖四十年）4月到5月之间，戚继光率军对阵两万倭寇，共计歼敌五千五百余人，解救了当地成千上万百姓，史称"台州大捷"。后人赞颂戚继光"旌麾之所指，即捷报之连闻；台民共倚为长城，浙东实资其保障"。

戚继光是一个很有远见的人，早在1560年就在台州等地开始了严格的军备训练，提高了步兵和水师的作战实力，浙东防务大大增强。

1561年4月，倭寇自象山海口进犯，准备将明军主力牵制在奉化、宁海两地，乘虚进攻台州。戚继光将计就计，在台州布下兵力严阵以待，随后亲自率军前往宁海剿敌。

倭寇以为戚家军中计，开始进攻台州城。戚继光调转军队，抢先一步来到台州城下，采用鸳鸯阵杀敌，俘斩倭寇百余人，其余倭寇淹死在江里，台州城五千多被掳掠的百姓得到了解救。

随后，戚继光乘胜追击，在上峰岭设下埋伏，出奇制胜，以己方一千五百人歼灭倭寇二千五百余人，上峰岭之战也是历史上以少胜多的经典战役之一。

此后，戚继光在台州一带连战连胜，取得了陆战七捷、水战五捷的骄人战绩。

在台州之战中，戚继光充分发挥了明代火器的威力，在火力掩护下进行冲锋，成功运用多种火器与兵种协同作战。

台州之战前后，戚继光笔耕不辍，于戎马倥偬间隙写成《纪效新书》，总结了毕生的军事经验，全书娓娓道来，平实易懂，是一部经典的中国古代军事名著。

明代海防城堡模型

鸳鸯阵需要多少个人一起配合？

鸳鸯阵是戚继光抗倭中颇有成效的一种战术，但并非戚继光首创，它的首创者是明代学问家唐顺之。戚继光只是结合了南方地区丘壑众多、河渠密布的地形特点加以改良。

鸳鸯阵以十一人为一队，队长在最前面指挥，主要战斗人员有十人，共持有五种不同的武器，并组成了四道防线。在队长身后是两名盾牌兵，一个手持长盾牌，用来阻挡敌人的箭矢与长枪；另一个手持轻便的藤牌（藤制的盾牌），并配有标枪、腰刀，负责投掷标枪，发动进攻。在盾牌兵的后面是两名狼筅兵，他们会利用狼筅刺杀敌人，以掩护盾牌手和帮助后面长枪手进击。接着是四名长枪兵，左右各二人，分别照应前面两边的盾牌兵和狼筅兵，是进攻的主力，负责在盾牌兵与狼筅兵的掩护下攻击敌人。队伍最后面的两个人是手持"镗钯（tǎng pá）"（形似马叉）的士兵，主要担任警戒任务，防止对手迂回。这一套阵法进可攻退可守，关键在于整体配合。

鸳鸯阵的阵形有哪些灵活的变化？

鸳鸯阵还有两种变阵。一种是五行阵，以五人为单位，狼筅兵上前与盾牌并列，负责在前方御敌，两名长枪兵在其后杀敌，镗钯兵殿后，自由发挥。

另一种是三才阵，主要用于冲锋或者追敌。三才阵是狼筅兵站在队伍的最前面，两名长枪兵紧随其后，盾牌兵和镗钯兵站在长枪兵的侧方以保护他们的侧翼，全队人在狼筅兵的带领下发起冲锋进攻。

戚氏军刀

除了戚继光，明代还有哪些抗倭名将？

明代抗倭名将还有俞大猷，他与戚继光并称为"俞龙戚虎"。

俞大猷的抗倭行动要早于戚继光，早在1552年（嘉靖三十一年），倭寇进犯，嘉靖帝朱厚熜就下诏调任俞大猷为宁波、台州诸郡参将，负责对抗倭寇。俞大猷在海上阻截敌人，后又焚烧倭寇战船五十多条，取得胜利。

其实，戚继光和俞大猷的功业都离不开一个人，那就是他们两个的伯乐胡宗宪。胡宗宪一生都在围剿倭寇，先后平定了徐海、陈东、汪直等明代海盗。并且，他赏罚分明，知人善用，提拔了俞大猷、戚继光、卢镗等一批人才。

胡宗宪还是平定倭寇计划的制订人，他很早就发现，倭寇"去来飘忽难测"，不好追击而可以防御，于是修建配备新式火器的战船，由戚继光、俞大猷等人定期巡防，又在浙江设海盐、澉（gǎn）浦、乍浦三大水寨，有效地防范了倭寇的行动。

明代《抗倭图卷》

除了抗倭，戚继光还有什么军功？

1568年（隆庆二年），戚继光被朝廷任命为总兵，负责镇守蓟州、永平、山海关等地，主要是为了防范北方少数民族蒙古鞑靼部的入侵。

1573年（万历元年），北蛮小王子与蒙古朵颜卫首领董忽力进犯，在喜峰口烧杀抢掠，戚继光率兵成功平乱。

1574年，董忽力侄子董长昂与他的叔父董长秃侵犯边境，戚继光领兵将其击败并活捉董长秃。董忽力与董长昂率领宗族三百人来到戚继光关前请罪投降，戚继光和部下商量后决定接受投降。董忽力放回劫掠的百姓，并发誓不再反叛。

自此，双方通贡互市，关系缓和。戚继光因守边有功，升为左都督。

戚继光在北方的时候教授当地士兵对付倭寇的方法与作战经验，对李如松等人影响极大，间接影响了后来的朝鲜之战。

1565年（嘉靖四十四年），朝廷为旌表戚氏家族，在戚继光的故里——蓬莱，修建了两座石牌坊，分别为"母子节孝"坊和"父子总督"坊。图为"父子总督"坊

戚继光曾写下《练兵实纪》《纪效新书》等兵书，具有很高的军事价值

内阁首辅张居正

　　1572 年，张居正担任内阁首辅，开始了大刀阔斧的改革。这场改革使江河日下的大明王朝再次获得活力，甚至可以说是给明朝"续命"成功。

文渊阁

文渊阁曾经是藏书阁，后来才成为内阁成员们办公的地点，这一点在画面中也有所体现。

文房四宝

内阁首辅，即内阁中位列第一的辅臣。在明代，"首辅"是对内阁大学士中位居第一者的尊称，与内阁中的"次辅"和"群辅"相对。

文房四宝之名，起源于南北朝时期。作为内阁成员们的办公地点，笔墨纸砚一定是必不可少的。

有一位内阁学士似乎有话要说，但是被身旁的人劝阻了。这一幕在哪儿？

内阁学士

张居正

太监冯保

当时的内阁掌握着『票拟』大权，票拟是什么意思？答案就在后面的内容中！

张居正是明朝历史上权势最大的一任首辅，他的改革力挽狂澜，暂停了大明衰败的步伐。但是在他死后，皇帝却展开了对他的清算，这是为什么呢？

←← 内阁是如何成为明朝权力中枢的？ →→

明朝建立时，沿袭元朝制度，在中央设立中书省，设置左、右丞相。后来，朱元璋猜忌大臣位高权重，于1380年（洪武十三年）诛杀胡惟庸，废除了宰相制度，权分六部，直接对皇帝负责。两年后，朱元璋仿照宋制，设文渊阁、东阁等大学士，为皇帝顾问，以备咨询，成为内阁制的雏形。

永乐帝朱棣即位时，因为自身精力有限，难以兼顾所有政事，所以特聘解缙（jìn）、胡广、杨荣等入值文渊阁，参预机务，提出意见。因为文渊阁地处内宫，称为内阁。

此后，内阁不断发展，逐渐演化出票拟权、批红权等权力。到了万历早期，内阁权力达到极盛，张居正的考成法让内阁成为政府运转的中枢。

明代诗文墨
在古代的文人文房，文房四宝书是必不可缺的书写和绘画工具，办公时更是大有用处

文渊阁的职能经历了哪些变化？

明朝建立后，朱元璋在南京皇城内修建文渊阁，目的是收藏古今所有典籍，文渊阁成为皇家藏书之地。除了藏书以外，文渊阁还用于编书，永乐年间的大类书《永乐大典》就是在南京故宫文渊阁编纂的，同时这里也是皇帝学习的地方。

朱棣迁都北京后，仿南京故宫造北京故宫，仍设文渊阁。后来，朱棣命解缙等人在此参与谋划政事，文渊阁也因此有了"内阁"之称。

1442年（正统七年），翰林院建造之后，文渊阁藏书和讲经的功能被分出，只作为大学士等内阁官员专门的入值办事之所，成为真正意义上的机密禁地。

清雍正年间成立了军机处，内阁名存实亡，文渊阁又成了皇家藏书之所。

张居正是如何当上内阁首辅的？

张居正，幼名张白圭，生于江陵县（今湖北荆州市荆州区），故称之"张江陵"。他是明代政治家、改革家，因为辅佐年幼的万历帝实行"万历新政"而名垂青史。

张居正从小聪颖过人，1540年（嘉靖十九年），15岁的张居正通过乡试，成了一名举人。1547年（嘉靖二十六年），张居正22岁，中二甲第九名进士，授庶吉士，为皇帝近臣，负责起草诏书等任务，师从徐阶。

张居正成为庶吉士的时候，是明代党争最为激烈的时期。明代内阁的首席为首辅，是权力的中心。当时内阁大学士只有夏言、严嵩二人，夏言夺得首辅后，因严嵩构陷而被杀，严嵩为内阁首辅，但是他昏庸无能，张居正上书无果后，选择冷眼旁观。

1562年（嘉靖四十一年），严嵩被清算，张居正的老师徐阶成为内阁首辅，张居正也得到重用。嘉靖帝朱厚熜去世后，徐阶起草遗诏，张居正从旁协助。

1568年（隆庆二年），徐阶年老致仕，次年，高拱成为首辅，张居正任次辅。

1572年，隆庆帝朱载垕（hòu）驾崩，万历帝朱翊（yì）钧年少即位，恰逢高拱触怒太后，张居正与太监冯保结盟，并趁此机会排挤高拱，最终成为内阁首辅。

文渊阁，紫禁城中最大的一座藏书楼

张居正雕像

张居正都进行了哪些改革？

张居正改革最主要的有两方面，一个是"考成法"，另一个是"一条鞭法"。

"考成法"规定六部和都察院的所属官员必须按照事情的轻重缓急与性质，分别订立期限登记在三本账簿上。其中一本留给六部和都察院按账簿登记以防遗忘；一本送六科（专门负责监察六部的部门）保存，六部每实行一件，六科注销一件；另一本送内阁以便审查考核。这样一来，从地方到中央就形成了一套完整的官员考勤机制：如果地方官行事迟延，则六部纠举；六部办事不力，则六科纠举；六科纠察不实，则内阁负责，行政效率大为提高。

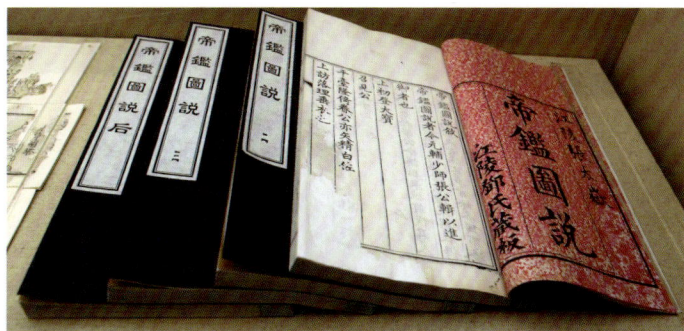
《帝鉴图说》

"一条鞭法"，简单地说就是不收实物税，田赋、徭役和杂税合并，折成银两，分摊到田亩上。一条鞭法看似十分简单，但却是我国税收史上由实物税向货币税转变的一次重大改革。一条鞭法的意义在于它暂时缓解了阶级矛盾，因为只收银两可以减少官员对百姓的盘剥，有利于农业生产的发展，为工商业的发展创造了条件。

张居正改革是统治阶级发起的改良自救运动，缓和了当时尖锐的阶级矛盾，缓解了大明王朝的危机。

张居正与万历帝的关系如何？

万历帝十岁即位，基本是张居正负责教育的。张居正编纂了《帝鉴图说》一书，书中选了117个历史事件，其中好事81件，坏事36件，每件事情都配有插图，以教导小皇帝是非曲直。

1582年（万历十年），57岁的张居正去世了，万历帝十分悲痛，大哭数场，甚至有几天悲痛得上不了朝。他还下令抚慰张居正的家人，并举办了隆重的悼念活动。

但是张居正逝世后的第四天，御史雷士帧等言官弹劾潘晟成功，潘晟是张居正生前所推荐的官员。潘晟的下台，表明了万历帝开始对张居正展开清算。

金翼善冠是金丝编织的冠饰，出土于定陵，是明神宗万历皇帝的皇冠

1584年，万历帝下令抄张居正家，张居正的长子张敬修自杀，次子充军，削尽张居正官秩，迫夺生前所赐玺书，褫夺谥号。

在政治上打倒张居正，有利于万历帝树立自己的权威，彻底掌握帝国权力。

张居正去世之后，内阁有什么变化？

张居正死后，万历帝开始亲政。为了稳固自己的权力，他选用了一些平庸的人进入内阁，内阁权力下降。

在经过短时的励精图治之后，万历帝沉湎于酒色之中，开始了长年不上朝的生涯。随着皇帝的懒政，内阁文官的权力逐渐增加，为了稳固自己的地位，万历帝开始任用一批宦官，宦官集团与文官集团形成了制衡。

当时的权力可以分为三方面：票拟、批红和掌印。"票拟"主要是对朝廷大事提出意见与处理方法，即决策权，主要是由内阁掌握。"批红"是皇帝对内阁的决策提出自己的意见或是态度，因为皇帝用红笔进行批注，所以叫作批红。"掌印"则是在最后形成的方案上盖上玉玺表示通过。在皇帝懒政的时候，后两项权力主要由宦官负责。

因此，文官与宦官互相牵制，内阁制度的发展进入了相对平稳的时期。

万历帝朱翊钧

清朝内阁与明朝内阁有什么区别？

清朝入关之后，继承了明朝的政治制度，包括内阁制度，比如冯铨（quán）在明清两代都是内阁辅臣。清朝也承袭了明朝的票拟制度，但是清朝前期的历任皇帝大多比较勤政，都会亲自审批大臣奏章，所以内阁的权力越来越小。

1729年（雍正七年），因为要对西北地区用兵，雍正皇帝在隆宗门内设置军机处，总揽军政大权，完全置于皇帝的直接掌握之下。

随着军机处的发展，内阁的地位逐渐下降，内阁大学士逐渐成了荣誉称号，历任内阁大臣都被授予文华殿大学士、文渊阁大学士称谓，地位极为尊崇，但却没有实权。

利玛窦万历来朝

作为天主教在中国传教的开拓者之一,利玛窦不仅传播了天主教教义和西方先进的科学技术知识,也将中国文化介绍到西方,对中西方交流做出了重要贡献。

有一个人在假山上玩耍时,险些失足掉落,幸好他的同伴及时抓住了他。你能在画面中找到这一幕吗?

妙应寺白塔

庞迪我

《坤舆万国全图》

《几何原本》

利玛窦　地球仪

徐光启

李之藻

作为外来宗教，天主教的传教并不容易。看，画面中有一位佛教徒正在和天主教徒激烈地争论呢！

你知道吗？利玛窦与徐光启合译的《几何原本》其实只翻译了前六卷，后九卷由英国人伟烈亚力（Alexander Wylie）和中国科学家李善兰在 1857 年译出。

31

利玛窦在中国待了多少年？

1552 年，利玛窦（Matteo Ricci）出生在意大利的山城马切拉塔。1568 年，16 岁的利玛窦违背了父亲想让他成为一名律师的愿望，前往罗马，进入日耳曼公学念书，准备成为一名传教士。

1571 年，他成为见习修士并在罗马学院学习算术、地理学、地球仪、古观测仪、钟表以及神学等去遥远地方传教的必备知识，为他来中国传教奠定了基础。

1578 年，利玛窦随同罗明坚神父等从里斯本出发，从海路来到印度并停留了五年。

1582 年，他到达澳门，并且在次年进入内地，从此开始了在中国的生活。

1610 年，利玛窦病逝于北京，终年 58 岁。

利玛窦像

利玛窦为什么选择来中国传教？

最早在 635 年（唐贞观九年），大秦景教（罗马基督教）主教阿罗本来到长安，受到唐太宗的礼遇，准其传教，并留下"大秦景教流行中国碑"以示友好，西方人知道了在丝绸之路的起点有一个可以传教的大国。

元朝时，意大利人马可·波罗曾经在中国游历很久，并留下《马可·波罗游记》一书，里面对中国富饶的描述让欧洲人对遥远的中国产生了浓厚的兴趣，向中国传教也成了他们的目标。

利玛窦并不是第一个进入中国的传教士。早在 1552 年，传教士方济各·沙勿略就抵达广东海域，开始了天主教在华传教事业，不过方济各没能深入中国内地。

直到 1583 年，罗明坚和利玛窦才成功进入中国内地，与士大夫交好，开始传教活动。

为了传教，利玛窦做出了哪些努力？

1583 年，肇庆知府王泮（pàn）同意利玛窦修建仙花寺，这是一座带有教堂的小房子，也是他在肇庆建立的第一个传教驻地。

为了传教，利玛窦最初选择穿上中国佛教僧人的服装，以表示自己的宗教身份，但是作为一个穿着僧衣的西方人，他引起了当地百姓的警觉，同时天主教堂无法像当地的佛教寺院一样向普通民众开放，传教十分困难。

1592 年，利玛窦前往南雄拜访他的至交好友瞿汝夔（kuí），作为士大夫阶层的瞿氏建议利玛窦蓄须留发，改穿儒服，并引荐他去见当地其他的乡绅名流。

从此，利玛窦换上了明朝士大夫的衣服，并且十分尊重各地的风俗习惯与儒家的纲常伦理，甚至还依照士人的习惯，给自己取了一个号，叫作"西泰"。

为了得到官方的支持，他还为万历皇帝献上了很多礼物。

利玛窦墓

利玛窦给万历皇帝带了什么礼物？

1600 年，利玛窦带着准备献给皇帝的礼物，打算随同礼部尚书王忠铭进京，但是因为太监马堂的讹诈，他在天津耽搁了近半年的时间，直到 1601 年，他才成功进入北京。

为了能够让万历皇帝对天主教感兴趣，利玛窦带了许多礼物，其中大部分与天主教有关：包括一幅天主像、两幅油画（圣路加教堂圣母像的摹本、圣处女怀抱耶稣的画像）、金丝封面的每日祈祷书、镶有宝石的十字架、圣经、报时自鸣钟、两块三棱镜、两个用纯银锁链装饰的三角形玻璃杯、大西洋琴，还有他翻译的当时欧洲所绘制的地图《万国图志》等十六件礼物。

清代自鸣钟

皇帝最喜欢哪件礼物？

这些礼物当中，万历帝唯一一感兴趣的是自鸣钟。自鸣钟是一种能按时自击，报告时刻的钟表，有针随日晷而动，大致相当于现在的机械表。皇太后说听自鸣钟很新奇，想看一看，万历帝怕太后不归还他，于是命人将发条卸下，给太后送去，太后见自鸣钟不动，就没有兴趣了，可见万历帝对自鸣钟的喜爱。

利玛窦见过万历皇帝吗？

1601 年，因为十分喜欢利玛窦送来的礼物，万历帝下诏允许他长居北京，并以欧洲使节的礼仪对待。

1605 年，利玛窦获准在宣武门内建造一所教堂，即现在的天主教南堂。但是，利玛窦并没有见过万历帝本人。

利玛窦第一次和其他各国使节觐见皇帝时，他们只是对着皇帝的龙椅行礼，因为皇帝自万历十五年开始就基本没上过朝，自然也不会与利玛窦见面。

但是，皇帝对进献礼物的利玛窦很好奇，听太监说他与中土人的长相不同，于是还曾命令画师为利玛窦画像，并带给自己。利玛窦也只是见过皇帝的画像。

除了传教，利玛窦还做了什么？

利玛窦在华二十余年，除了传教以外，还科普了西方的先进科技，并且与以徐光启、李之藻为代表的一些思想开明的士大夫私交甚好。

利玛窦与徐光启曾经合译欧几里得的《几何原本》，创造了几何、点、线、面、平行线、直锐钝角等概念用词，沿用至今。

李之藻也与利玛窦合作翻译了《同文算指》，引进了与中国传统珠算不同的笔算法。他们还合作绘制了《坤舆万国全图》，介绍了五大洲知识，这也是国内现存最早的一幅据刻本摹绘的世界地图，翻译时所采用的亚细亚、欧罗巴、大西洋、地中海、南北极等汉语概念也流传至今。

另外，明朝的历法称为《大统历》，是根据元的《授时历》改编，因为使用了很久，所以误差很大。徐光启奉命重修，运用了传教士们的西方数学知识和天文仪器，修成《崇祯历书》，还引进了经纬度等概念。

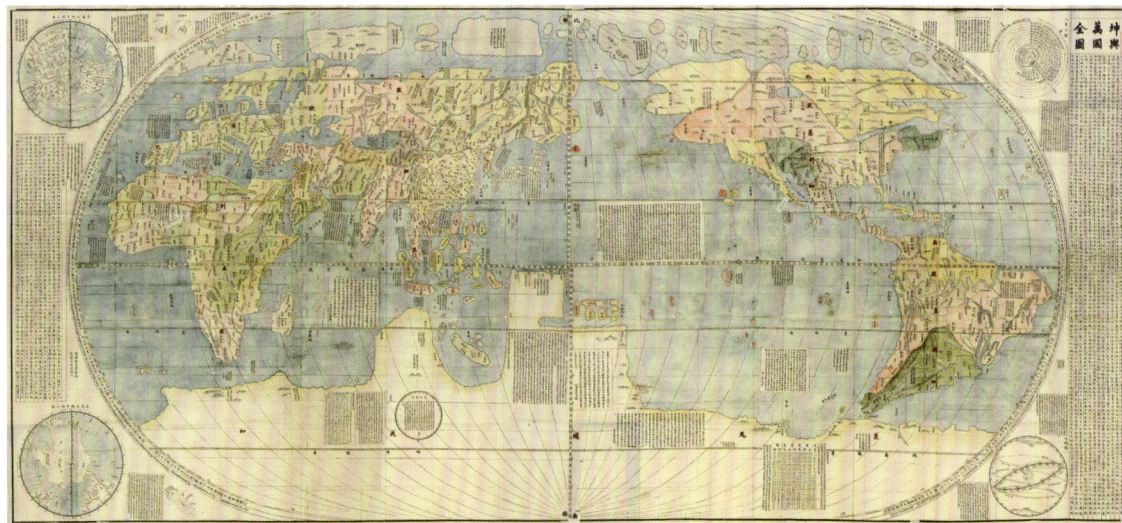

《坤舆万国全图》

利玛窦来华都产生了哪些影响？

1610 年，利玛窦病逝于北京。一个月后，在好友李之藻的请求下，万历皇帝赐予了利玛窦一块墓地，位于今天的阜成门外。

虽然利玛窦的传教历程不是很顺利，传说当他逝世时，北京的天主教徒只有四百多人，但是在明朝末年，人们称天主教为"利氏学"，称耶稣会传教士为"利氏之徒"，足以体现利玛窦在耶稣会中国传教历史上的地位。

利玛窦还是第一个将中国的"四书"翻译为拉丁文的西方人，并将译本寄回意大利。后来启蒙运动的莱布尼茨、伏尔泰、魁奈等都曾从儒家经书中汲取思想养料，欧洲各国一度掀起了研究中国的热潮，还出现了专门研究中国的学问——"汉学"。

天主教南堂

江南市镇苏州

明朝的市镇经济发展迅速，其中，苏州更是繁华无比。仇英参照张择端《清明上河图》的构图方式，采用工整细致的青绿重彩工笔画法，描绘了苏州城的市井生活和民俗风情。

茶馆

街面上的各种店铺

来往商船

有一个人看中了一幅字画，正在和店主讨价还价，他能将这幅心仪的字画带回家吗？

34

你知道吗？"摆地摊"最早可以追溯到原始社会，在张择端和仇英两版的《清明上河图》中也都有表现。画面中出现了一个地摊，还吸引了两个过路人的目光呢！你能找到这处摊位吗？

一个第一次来到苏州的人看到眼前繁华的景象，惊叹不已，你能在画面中找到这个人吗？

有一个人想买一把红色的伞，瞧，他已经找到了自己的目标。你发现他在哪儿了吗？

真奇怪！这个人推着的独轮车里怎么还坐着另一个人？你发现这一幕了吗？

历史上总共有几幅《清明上河图》？

《清明上河图》共有三幅，最为出名、艺术造诣最高的是北宋张择端的《清明上河图》，它是中国十大传世名画之一，记录的是12世纪北宋都城东京的城市面貌、当时的社会风俗以及人民的生活状况。

其次是明代仇英的《清明上河图》，他参照了张择端版的构图与绘画形式，在其基础上加入了自己的风格，主要表现了江南市镇与工商业的盛况，以及明代苏州的民俗风情，是研究明代中后期社会生活和文化史的重要史料。

清代也有一幅《清明上河图》，当时，宋明两代的《清明上河图》散落民间，各种描本仿本鱼龙混杂，于是在1736年（乾隆元年），乾隆皇帝下令清宫画院的五位画家陈枚、孙祜（hù）、金昆、戴洪和程志道参考当时现存的各个作品合作完成了一幅《清明上河图》。这幅图是按照各朝的仿本，集各家所长的大型作品。

仇英版《清明上河图》中出现了多少个人物？

在《清明上河图》中，仇英真实地描述了苏州城郊与城内的不同景象，有乡间的茅草屋、清静的田间小径，也有布局典雅的宫城。画面中共出现两千多个人物，虽然人物很小，但是栩栩如生，神态各异，表现出各个人物的身份与心情：有辛勤劳作、种地乘凉的农民，也有在酒肆吃饭、在茶馆休息的普通百姓和做小生意的行脚商与客商，还有放肆享乐的达官贵族。

仇英版本的《清明上河图》向我们展示了明代江南一带的政治、经济、文化、民俗等社会状况，是研究江南不可或缺的材料。同时，此画工整细腻，典雅清丽，本身也是一份极难得的风俗市井画杰作。

仇英的画技有多厉害？

仇英，字实父，号十洲，江苏太仓人，明代画家，尤其擅画人物。他早年清苦，曾经以漆工、画磁匠为业，并为人彩绘房屋，后来以卖画为生。周臣赏识其才华，便教他画画，苦学后终成大家，与沈周、文徵明、唐寅被后世并称为"明四家"。

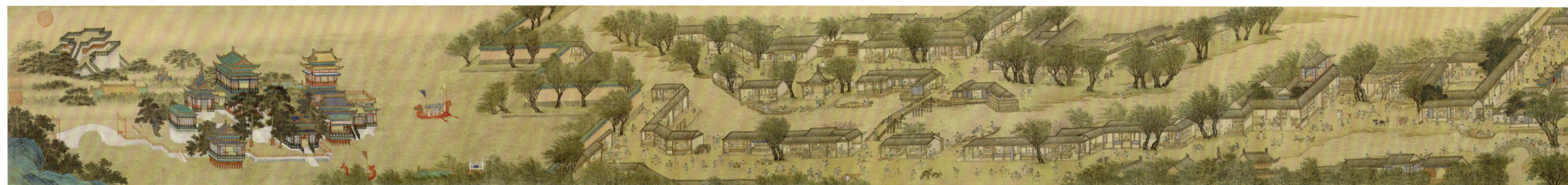

沈、文、唐三家，不仅以画取胜，且佐以诗句题跋，就画格而言，唐、仇相接近。仇英的画上，一般只题名款，尽量少写文字，为的是不破坏画面美感，因此画史评价他为"追求艺术境界的仙人"。文徵明更是称赞他："精细工雅，深得松年、千里二公神髓，诚当代绝技也。"

为什么仇英选择画苏州？

唐宋以后，南方的经济发展程度逐渐超过北方，随着商品经济的发展，江南地区变成了明代最繁荣富庶的地区，城市化的程度极高，而苏州城更是其中最繁华的地方。

至明朝为止，苏州历经沧桑，已经建城将近两千年。苏州是物阜民丰、经济发达、人文荟萃的江南中心聚集地，形成了当地特殊的世俗文化，与当地秀丽非常的江南水乡美景相结合，既形成了精致的园林建筑，也吸引了大批文人墨客。

苏州园林

繁华的经济与轻松的生活让人惬意，城市化的发展使苏州城里房屋鳞次栉比、街道车水马龙，也因此成了当时画家们的重点画作对象。

什么是市镇经济？

市镇是商品经济发展下，商业与手工业发展的核心地区，它不像村县那样僵化，人口流动极少，相反，它的商业十分发达，人口流动量大，能够吸引附近的农民来销售自家生产的商品，各路商贾也会来这里收购畅销的商品。比较有代表的江南大型市镇有乌青镇、南浔镇、濮院镇、盛泽镇等。

市镇源自唐宋时期的集市，在明朝得以迅速发展，背后的原因是江南地区社会生产力的提高，人口增加导致耕地紧张，农民们只好调整种植结构，将粮食用地改种了棉花、桑树等经济

仇英版《清明上河图》（局部）

作物。而原料的增加使发展纺织业更加便利，于是纺织业成了人们的主业，用纺织等手工业赚的钱去其他地区进行贸易，购买粮食，最终促进了江南工商业市镇的兴起。

江南地区的纺织业有集中的区域吗？

"江南"的含义在古代文献中是变化多样的，是与"中原"等概念相并立的词，有很强的伸缩性。江南的大体地域是东南地区的长江三角洲及太湖流域，包括苏州、杭州、松江、嘉兴、常州、湖州六个府。

棉纺织业主要集中于松江府一带。明清以来，以松江府为中心的地区，形成了一套种植棉花并加工、销售的产业体系，在嘉定县织成的棉布，可以运输贩卖到北方各省。

丝纺织业集中在太湖流域，万历年间的官员张瀚在他的《松窗梦语》中说："大都东南之利，莫大于罗绮绢纻，而三吴为最。"三吴地区即太湖流域。因为太湖丝布做工精良，质量精美，甚至成为出口的重要物品。

明代天鹿纹
素缎补服

当时的市民都有哪些娱乐方式？

明代中后期，随着商品经济的发展、苏州等市镇的崛起，娱乐行业也得到了发展，比如说书、杂技、木偶戏等。

仇英版《清明上河图》中的桥下，有一说书人正在说书，旁边的人聚在他的周围。说书是当时相当普及的娱乐方式，明末的著名说书大家有柳敬亭，他是扬州评话的开山鼻祖，常给王公贵族说书。

明代比较流行的杂技有走钢索，在两处立下两根柱子，用绳子相连，表演者在上面行走，深得大家喜欢。

柳敬亭像

舞狮是中国优秀的民间艺术。狮子是由彩布条制作而成，每头狮子一般由两个人合作表演，表演者通过配合装扮成狮子的样子，做出狮子的各种形态动作

另外还有木偶戏，木偶戏经常在集市中出现，一般都是两人一组，一人敲锣吆喝来吸引顾客，另一人边用提线操作木偶，边歌唱配音。

对于那些乞丐来说，耍猴也是谋生的手段，同时也是当时百姓喜闻乐见的娱乐项目。仇英版《清明上河图》中的耍猴人多是衣衫褴褛的乞丐，他们训练猴子进行作揖、钻圈、翻跟头等杂耍，一边耍猴，一边乞讨钱财与食物，往往比单纯乞讨收获得更多。

明朝的人们都吃什么呢？

在明初的洪武年间，因为当时的社会刚刚稳定，物质基础还不是很发达，而且朱元璋出身穷苦，崇尚节俭淳朴，所以在饮食上确立了一套等级制度。

随着社会的稳定与经济的发展，自成化以后，饮食时尚日趋奢华。这种风气首先来自宫廷。成化年间，宫中果品甜点的做法是用糖将各色果品粘在一起，弄成一定的花样，称为"粘砌"。

江南地区的小麦收获之后，会做成一种类似桃状的面点，称为"龟桃"，在夏天还会将小麦炒熟做成热汤来代替茶。另外，据说在明末的时候，葡萄牙人还教会了南方人用小麦去做面包的方法。

在米饭的吃法上，除了普通的蒸熟以外，南方还有做成荷包饭的吃法，也就是

荷包饭

将香米和鱼肉等用荷叶包裹蒸熟。此外，还会把米磨成粉，做各种茶点，比如黄饼、鸡春饼、炮谷、米糍粑等。

天麻是名贵的中药材之一，用天麻酿成的养生酒被视为宫中珍品。在《本草纲目》里，也有天麻"除百病益寿延年"的记载。它的根状茎肥厚，呈椭圆形或近似哑铃形，你能找到天麻在哪里吗？

药圣李时珍

　　李时珍走遍大半个中国，亲自品尝各种药物，结合其他医书并且三易其稿，先后历经27年，终于著成世界医药学宝典——《本草纲目》。

武当山

庞鹿门

李时珍

曼陀罗花

李时珍还曾收过一个徒弟，名叫庞鹿门，他也参与编写了《本草纲目》。庞鹿门为人谨慎，年老时才开始出诊，治好了不少疑难杂症。画面中那个认真观察的年轻人就是庞鹿门。

这几个人为什么要捉蛇呢？原来他们要取蛇胆。顾名思义，蛇胆是蛇体内贮存胆汁的胆囊，将它通风晾干后，就是一味清热解毒、化痰镇痉的中药了。

渔夫

有的人对李时珍这种亲身试药的行为很不理解，你能找到这个反对者吗？

你知道李时珍手里拿着的是什么花吗？这种花的名字叫曼陀罗，据说有麻醉作用，李时珍曾亲自试验曼陀罗花酒，并将效果记录在了《本草纲目》中。

←← 李时珍为什么要弃文学医？ →→

李时珍（1518—1593年），字东璧，晚年自号濒湖山人，明代著名医药学家，被世人尊称为"药圣"。

李时珍的家族三代为医，其祖父名字未知，是一名走方郎中。父亲为李言闻，因为医术高超，曾经在太医院就职，后来在地方开医馆，成了有名的医生。

李时珍年幼时就对医学很感兴趣，但是在当时，学习四书五经等圣贤书，参加科举才是正道，医学只是杂学。再加上李言闻自己也是医生，深知当医生之苦，所以不允许儿子学医。

李时珍14岁时曾跟随其父李言闻到黄州府应试，高中秀才，但是接下来三次参加乡试，皆名落孙山。20岁的时候，李时珍还染上了很难治愈的肺病，经过数次治疗才痊愈。

可能是因为名落孙山和病痛的折磨，23岁时，李时珍决定弃文从医，他的父亲无奈，只好同意。

为什么说太医院的经历对李时珍影响重大？

李时珍学医后免费为许多人治病，赢得了很好的口碑，名声大噪。因为治好了富顺王朱厚焜儿子的病，李时珍被楚王朱英㷿（liǎn）聘为王府的"奉祠正"，也就是王爷的私人医生，兼管良医所事务。几年后，他又被嘉靖帝朱厚熜诏入太医院工作。

太医院是一种古代的医疗机构，这一名称始于金代，是对唐宋时期太医署、太医局的继承。唐代的太医署更像是一个医学学校，金以后的太医院逐渐演变成专职医疗的机构，只服务皇室等上层社会的人物。

嘉靖帝热衷于炼丹，很少召集太医，所以李时珍是比较清闲的，这让他有机会阅读太医院珍藏的大量医书典籍，仔细辨别各种御药库的奇珍异草，知识与见闻都得到了丰富，而且对草药学的造诣也逐渐加深，这都为他后来编撰《本草纲目》打下了基础。

后来，李时珍认为已经没有必要继续待在太医院，于是请辞回到民间，创立了自己的医馆。他以自己的字"东璧"为堂号，创立了东璧堂，并在此坐堂行医，治病救人。

古代行医的药箱

为什么中医药店要称为"堂"呢？

这是为了纪念张仲景。张仲景，东汉著名医生，有《伤寒杂病论》流传于世，被后世尊称为医圣。相传，在他任长沙太守期间，当地瘟疫流行，许多病人找他治病。刚开始，他是处理完政务之后在自己家中给人治病，后来由于慕名而来的病人越来越多，于是他干脆把诊所搬到了长沙公堂，公开应诊，这是首例名医坐堂。

后来，为了纪念张仲景，人们便把坐在药店大堂内治病的医生称为"坐堂医"，这些医生也把自己的药店取名为"堂"，比如"同仁堂""长春堂""四知堂"等，所以李时珍的医馆也叫作"东璧堂"。

唐·黄釉脉枕
中医讲究望闻问切，望，指观气色；闻，指听声息；问，指询问症状；切，指摸脉象。诊脉时，病人需要将手腕放到脉枕上，让医生诊察脉相

什么是"本草"？

所谓本草，即中医药，它包括花草果木、鸟兽鱼虫和铅锡硫汞等众多植物、动物和矿物药等天然药，以及部分化学、生物制品类药物等原料加工品。由于中药以植物药居多，故有"诸药以草为本"的说法，所以人们又将中药称为"本草"。

冬虫夏草	杏仁	川芎	麦门冬
乌梅	蛤蟆草	西藏红花	川红花
胖大海	五加皮	丁香	牛蒡子

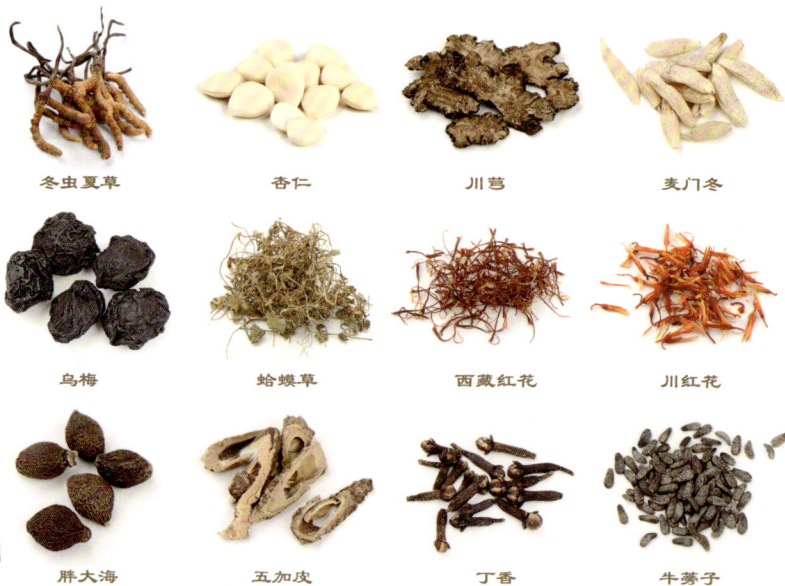
清·神农象牙雕像

部分中药

这一词语最早出现在《汉书》中："方士、使者、副佐。本草待诏，七十余人皆归家。"已知最早的中药学著作《神农本草经》也自此为名。所以，本草还指记载中药的书籍。

为什么要编撰《本草纲目》？

在李时珍的时代，各种医药书鱼龙混杂，而且很多古书在多年来的发展中被做了许多批注，有些批注还有明显的错误。看到这种情况，李时珍感到十分痛心，于是决定勘定正误，溯本追源，编撰一本严谨、实用的中药书籍。

从 1552 年（嘉靖三十一年）开始，李时珍便根据自己的经验与实地考察，并参考历代有关书籍八百余种，对药物加以鉴别考证，纠正了古代本草书籍中中药名、品种、产地等某些错误，又收集整理宋元以来民间发现的药物，充实内容，最终写成《本草纲目》。

《本草纲目》分为十六部（水、火、土、金石、草、谷、菜、果、木、服器、虫、鳞、介、禽、兽、人），以其为纲，下有六十类，共计五十二卷。全书一共记载了约一千九百种药物，还详细记载了这些药物的采集与制作过程，以及药性药理和对应病症，并附有一千一百余幅药图。此外，书中还收录了一万一千多例可用的中医药方。

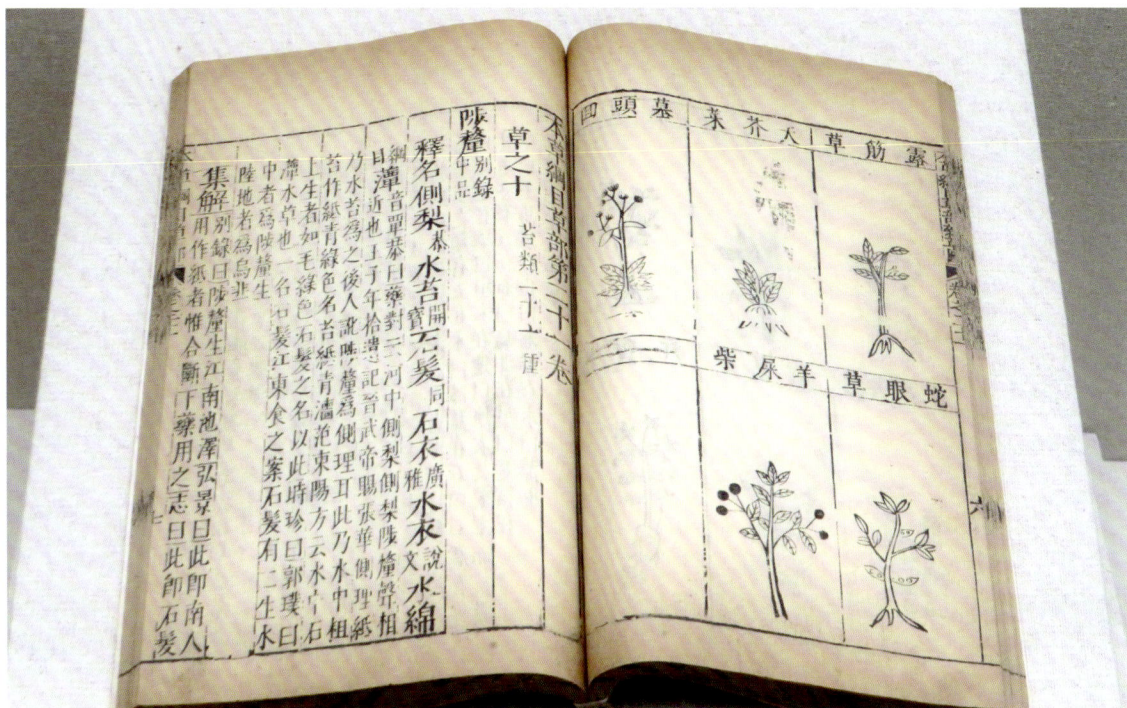

《本草纲目》

李时珍特别注重实地考察的原因是什么？

在编写《本草纲目》的过程中，李时珍发现，由于年代久远，造成同一种药物却有不同的

名字，有些作者和批注家没有进行实际、深入的调查，而是在各种医书上抄来抄去，造成以讹传讹的结果，导致矛盾百出，根本弄不清草药真正的形状、生长状况和用法。

例如，有一种负责缓解失眠多梦的草药叫作远志，它实际上主根肥厚，开花，花呈淡蓝紫色。南北朝著名医药学家陶弘景说它是小草，像麻黄，但主秆的颜色青，开白花；相反，宋代的马志却认为它像大青，叶片纸质，呈椭圆形，并批注陶弘景不知远志为何物。像这种例子还有很多。

在父亲的建议下，李时珍决定亲自到深山老林中进行调查，"搜罗百氏"，"采访四方"，以求真实。

为什么达尔文称《本草纲目》为"古代中国百科全书"？

从《神农本草经》以来，中医药的分类方法一直都是上中下三分法：上品药物无毒，久服不伤人；中品药物大多无毒，小部分有毒，斟酌其宜；下品药多毒，不可久服。这种分类法沿袭了一千多年。

李时珍的《本草纲目》一改这种笼统的分类法，把药物分为十六个大类。书中还系统地记述了各种药物的知识，从药物的历史、形态到功能、方剂等都有涉及，丰富了本草学的知识，是当代最伟大的药书。

此书极大地促进了医药学的发展，在此之后的药书多是以它为基础编纂的，比如赵学敏的《本草纲目拾遗》、黄宫绣的《本草求真》、倪朱谟（mó）的《本草汇言》等。

1596 年（万历二十四年），李时珍逝世第三年，《本草纲目》才正式发行，并很快流传到朝鲜、日本等国，后又被译成日、朝、拉丁、英、法、德、俄等文字。达尔文在其著作中也多次引用该书的资料，并称之为"古代中国百科全书"。英国近代生物化学家、科学技术史专家李约瑟也对李时珍赞赏有加。

韩文版《本草纲目》

露梁海战

　　露梁海战是万历朝鲜战争中的最后一场大规模海战，以中朝联军的胜利告终。这场战争影响了当时东北亚的地缘政治形势，奠定了东亚之后三百余年的国际和平局势。

龟船

李舜臣

画面中有一名日本士兵手里拿着武器，但是却迟迟没有加入战斗，这是为什么？他究竟在哪儿？

残酷的战争让几名士兵害怕不已，他们不知道是否该参与到这场激战中。这几个犹豫的人在画面中的什么地方？

薙（tì）刀是日本的一种长柄武器。这名使用薙刀的日本士兵在哪里？

佛郎机

虎蹲炮

这个人弯着腰，好像并不希望自己被发现，他是因为怯懦而不敢参战，还是准备偷袭呢？

万历朝鲜战争是如何爆发的？

万历朝鲜战争，又称万历援朝战争，是明朝和朝鲜共同抗击日本侵略的战争，也是万历年间的三大征战之一。

1590 年，丰臣秀吉统一日本后，为了获取更多的土地，决定对外发兵。1592 年，丰臣秀吉共调动 20 万大军，分九路渡海至朝鲜作战，宇喜多秀家为总指挥官。战争初期，日军势如破竹，攻下朝鲜国都，几乎占领朝鲜全境。

1593 年（万历二十一年），明朝援军兵临平壤城下，当时占领平壤的是日将小西行长指挥的侵朝日军第一军团，名将李如松先后使用子母铳（chòng）、佛郎机、大将军炮等攻破城门。之后双方展开巷战，李如松下令火攻。第二天小西行长逃跑，明朝联军埋伏成功，收复平壤。同年，双方开始议和，战争第一阶段基本结束。

1597 年，日本派遣 14 万大军再侵朝鲜，明廷先后派 8 万大军参战。1598 年，丰臣秀吉死后，日军逐渐撤出，朝鲜战争正式结束。

明朝为什么会出兵援朝？

明朝出兵自然有"唇亡齿寒"的考虑，一旦朝鲜沦陷，日本必然会用朝鲜半岛当作跳板来进攻明朝。另外一层原因是明朝时，中国与朝鲜是藩属关系，朝鲜国王写信求援，作为朝鲜的"宗主国"，大明有义务伸出援手。

中国从西汉开始就有藩属国，但是，历代王朝多对藩属国采取怀柔政策，很少干预其内政，只进行朝贡贸易，并且为其提供保护。从西汉开始，朝鲜半岛上的国家就是中国的附属国。明初，朱元璋赐予朝鲜王朝开国君主李成桂玺书，并亲自裁定朝鲜为其国名，确立了明朝与朝鲜的藩属关系。此外，历代中国的藩属国还有琉球、越南、缅甸、尼泊尔等。

朝鲜名将李舜臣

露梁海战的战况如何？

1598 年（万历二十六年），日军久攻朝鲜不下，丰臣秀吉临死前，下令从朝鲜撤军。当时，大部分日军已经撤退，但是仍有五万人还没有来得及离开朝鲜，明朝联军乘势追击，包围其指挥官小西行长。岛津义弘、小早川秀包等率军救援，明朝联军在露梁津海峡埋伏并展开决战。

明朝七旬老将邓子龙首先利用虎蹲炮进行攻击，并亲自率领三艘巨舰为先锋，带领两百士卒跳入朝鲜船中救援，杀敌无数。可惜，他所处的战船不小心被联军引燃，日寇乘势攻杀，他最终以身殉国。

与此同时，朝鲜名将李舜臣与明朝海军将领陈璘进攻日军侧翼，李舜臣更是亲自擂鼓冲向敌阵，岛津义弘趁机派遣五十余艘船将其包围。得知李舜臣被包围后，陈璘率军来救，利用水雷、火龙出水、虎蹲炮等先进火器成功解围。岛津义弘率百余艘战舰溃逃，李舜臣追击，被流弹击中而身亡，由其侄儿李莞代为指挥。最后在中朝联军的努力下，毁坏日舰数百艘，参战日军几乎被全歼，岛津义弘、小西行长等人趁乱逃跑。

清代虎蹲炮

露梁海战中出现了哪些"黑科技"？

在露梁海战中，中朝双方都使用了在当时较为先进的武器。

朝鲜名将李舜臣最大的创举是龟船，又叫乌龟铁舰，该船只从船身到船顶都有铁甲覆盖，因形似乌龟而得名。该船是全封闭式结构，能抵挡对方的火枪炮弹。船的四周分布着许多火枪口，用来远距离攻击；前后都有锋利的撞杆，负责近距离撞击敌船；船身的铁甲上面还有铁钉和刀子等，防止对方跳上船攻击，可以说是当时最为先进的战船。

1549 年（嘉靖二十八年），明朝就制作出了世界上最早的水雷——"水底雷"，比西方制造使用水雷早了两百多年。水底雷用木箱做外壳，油灰粘缝，避免渗水，下用三只铁锚固定，上

明末，崇祯皇帝命徐光启负责火炮事宜。徐光启受命建造火炮，他的学生孙元化组建了一支受西式训练、使用西式武器的部队。但是部将孔有德造反，登州失守，还携带了大量火炮和炮手渡海投降后金。清朝建立后，中国的火器发展逐渐落后于西方。

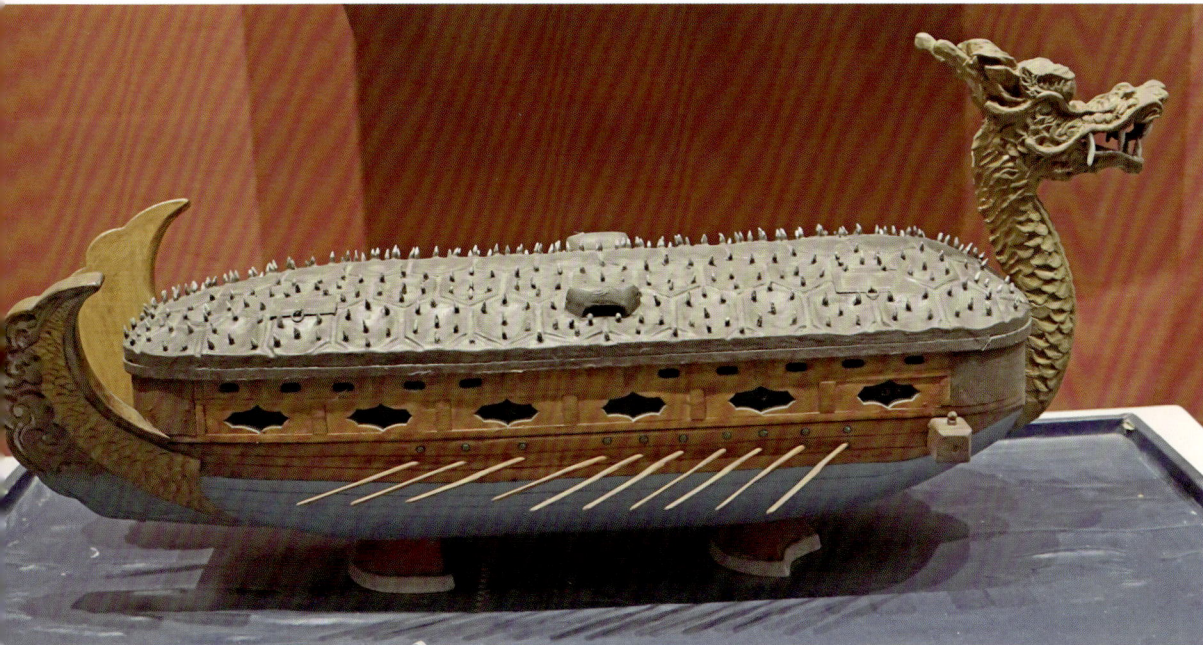
龟船模型

用绳牵引手工控制击发。朝鲜战争时，水底雷曾经击沉日舰一艘，重伤两艘。

另外，还有一种观念十分先进的火箭，名叫"火龙出水"。它用竹子制作，两端装上木质龙头和龙尾，并且在前后设置四个用来推动的火箭筒，内部放入可以燃烧的火箭。使用时点燃引信让其飞出，之后腹内的火箭就会飞出，用来燃烧敌船。

明代的火器是如何发展的？

在元末明初，中国的火器发展是领先于世界的。元代研制出了火铳，是世界上最早的金属射击火器，朱元璋在逐鹿中原的过程中也曾经利用过这种武器。明朝建立后，沐英曾经创造过"三段击"这一战术对抗云南土官的大象，并平定云南。1410 年（永乐八年），朱棣设置了专门使用火器的神机营，这是世界上第一支火枪部队。

佛郎机

但是在明中后期，火器逐渐落后，戚继光曾经缴获过倭寇的火器，发现明显比明朝的火器先进，于是改造仿制出新武器，命名为"鸟铳"。戚家军大量配备鸟铳，综合火器装备比例达到 50% 左右。

明朝最主要的火炮是佛郎机和戚继光发明的虎蹲炮。佛郎机是西方研制的火炮，最早由汪铉（hóng）缴获，经过研究改造后，制作出了子母铳、百子佛郎机、马上佛郎机、大将军炮等。

朝鲜之战给中国、朝鲜和日本都带来了哪些影响？

中国虽然获得了这场战争的胜利，捍卫了自己宗主国的地位，将日本入侵中国的计划扼杀在摇篮中，但是历时七年的朝鲜战争使明朝国力受到损耗，国库空虚，精锐部队也有所损失，而女真部族的努尔哈赤则逐渐壮大，后金政权迅速崛起，能够和明朝对抗，最后取而代之。

朝鲜在战争中被日军侵略，先灭国再复国，使得人民流离失所，战后全国人口只有战前的六分之一，实力被大大削弱，并且与日本保持了很长时间的战争状态。

日本的丰臣集团侵朝失败，嫡系精英部队几乎被消灭殆尽，丰臣秀吉也病死了。五大老之一的德川家康利用此事，于 1600 年展开关原之战，最后成功夺取日本的统治权，建立江户幕府，实现了日本的大一统。

知识拓展："战国三杰"之丰臣秀吉

丰臣秀吉（1536—1598 年），原名木下滕吉郎、羽柴秀吉，日本战国时代末期至安土桃山时代大名，著名政治家，日本的战国三杰之一。

丰臣秀吉出身于贫苦的农民家庭，后因被战国三杰中的另一位人物——织田信长信赖而逐渐崛起。织田信长称霸时，几乎一统日本，但他在本能寺之变时被杀，日本重新分裂。在打败明智光秀之后，丰臣秀吉在织田信长部将斗争中胜出。1585 年，他担任关白。1591 年，丰臣秀吉把关白位让给了他的养子，自称"太阁"，成为日本的实质统治者。

丰臣秀吉统一日本后，为了转移国内矛盾以及满足自己建立一个亚洲帝国的野心，决定先发兵攻击朝鲜，再以朝鲜为跳板征服中国。

经过七年战争，日本战败退军，丰臣秀吉病死，日本再度动荡。最后，德川家康发动大阪冬之阵和大阪夏之阵，丰臣家彻底灭亡。

丰臣秀吉像

徐霞客游记

人生中的一大半时间里，徐霞客都在旅游考察的路上，他遍游名山大川，考究风土民情，并将一路上的所见所闻都记录在日记中，最后这些资料被编撰成富有地理学价值和文学价值的著作《徐霞客游记》。

放光瑞影

鸡足山

水烟筒在云南各地都很流行，以大竹筒或金属材料制成，筒内灌清水，燃吸时会发出「咕噜咕噜」的声音。你能找到水烟筒吗？

其实，"佛光"和彩虹的形成原理是一样的，阳光照射在云雾表面，经过衍射和漫反射作用，就会形成佛光。徐霞客在当时就有这种用科学解释自然现象的意识，真是了不起！

徐霞客

徐霞客认为，"山泽之气，发为光焰。海之蜃楼，谷之光相，皆自下而上放光"。可是他身边的农夫却对此半信半疑，你能将这名正困惑的农夫找出来吗？

47

徐霞客为什么被称为"千古奇人"？

徐霞客（1587—1641年），名弘祖，字振之，号霞客，南直隶江阴（今属江苏）人。徐霞客不喜欢功名，一生志在游历四方，足迹遍及现今中国的21个省、市、自治区。1608年，在母亲的鼓励下，21岁的徐霞客第一次正式出游。1640年（崇祯十三年），徐霞客准备从云南返回家乡，但是长年的奔波使他患上足疾，无法行走，当时丽江的土司木增派人用滑竿（中国西南山区特有的代步工具，可以看作是简易的轿子）将他护送回来。徐霞客于次年病逝。

徐霞客不仅仅是走遍祖国大好河山的旅行家，他还为当时研究各种地质现象和现在研究地理环境的变迁提供了便利，尤其是重点研究了热带、亚热带地区不同的岩溶特征，对其成因和现象提出了相对科学的观点，这要远远早于西方学者。

中国当代画家范曾笔下的徐霞客

徐霞客的家人支持他寄情山水吗？

徐霞客的高祖（曾祖父的父亲）徐经家境富裕，天赋聪颖，自幼酷爱读书。1499年，他与唐寅（唐伯虎）共同赴京考试，因为二人行动招摇且才气极高，因此遭人忌恨，被诬陷花重金贿赂考官购买考题。为了平息舆论，朝廷罢免考官，处罚徐唐二人不得为官。徐经自此对科举恨之入骨，之后忧郁而死，这一事件对徐家影响很大。

到了徐霞客的父亲徐有勉，仍然拒绝入仕，热爱四处游历，因此，徐霞客从小耳濡目染，立志"大丈夫当朝碧海而暮苍梧"，也想要纵情山水。

唐寅《松林扬鞭图》（局部）

除了父亲外，徐霞客的母亲也支持他游历四方，并为他做远游冠。在1624年（天启四年），徐母甚至在年近八旬的时候选择和儿子一同旅游。

徐霞客临终前，对自己的一生总结道："张骞凿空，未睹昆仑；唐玄奘、元耶律楚材衔人主之命，乃得西游。吾以老布衣，孤筇（qióng）双屦（jù），穷河沙，上昆仑，历西域，题名绝国，与三人而为四，死不恨矣。"

为什么说徐霞客是冒险家？

在明代，交通并不像现在这么发达，同时，明晚期匪患横行，每次出游都是一场冒险。

1636年（崇祯九年），49岁的徐霞客决定再次出游，这也是他的最后一次出游。在决定出发地点的时候，南京的静闻和尚找到徐霞客，希望他能够带自己去云南鸡足山迦叶寺参拜菩萨。于是，徐霞客决定和静闻结伴同行，先从南直隶出发，经湖广，到广西，过四川，最后到达云南。

出游不久，他们两人在湘江遇到了强盗，侥幸跳船逃生，但是行李盘缠被洗劫一空，静闻也受了伤，刚到广西就圆寂了。当时有人劝徐霞客回去，并要资助他回乡的路费，但他却拒绝了。为了实现对静闻和尚的诺言，他将其遗体火化并携带骨灰继续前行。身无分文的他只能用绸巾去换几筒米，典当自己的上衣裤子去换钱，最终成功翻越广西十万大山，进入四川，越过峨眉山，沿着岷江，到达甘孜，最终达到云南。

黄山迎客松风光

《徐霞客游记》包含了哪些内容？

旅行时，徐霞客有记录自己一天考察收获的习惯，因此留下了《浙游日记》《江右游日记》《楚游日记》《粤西游日记》《黔游日记》《滇游日记》等日记，在游历庐山、天台山、黄山、雁荡山等名山大川时，还写下了十七篇游记。他去世后，好友季梦良将他的遗作编撰成《徐霞客游记》，共十二卷。

《徐霞客游记》主要按照出游顺序编撰，除了旅游见闻外，还涉及地理学、水文学、人文地理学，是一本综合的历史地理学著作。

《徐霞客游记》

徐霞客是如何考辨长江源头的？

徐霞客发现，对于西南地区许多水文情况，当时书中的记载都不尽相同，且多有错误。

比如，《尚书·禹贡》被当时的人们奉为经典，它认为长江源头是岷江。徐霞客对此说法表示怀疑，于是溯长江而上，亲身考察，以不容置疑的经历证明了金沙江才是长江的上游源头。虽然他并未探索到源头（现在证明长江源头有三个，分别为北源楚玛尔河、南源当曲和正源沱沱河），但却为探索源头指明了方向。事后写成《江源考》，提出"推江源者，必当以金沙为首"。

同时，他还辨明了左江、右江、澜沧江、大盈江等许多水道的源流与水文变化。

为什么说徐霞客是世界上最早的石灰岩地貌学者？

三十多年间，徐霞客游历过大半个中国，见过各地特殊的地质形态，仅游记中记录的地貌类型就有山岳地貌、流水地貌、红层地貌、岩溶地貌（又称喀斯特地貌）、火山地貌、冰缘地貌等数类，具体的地貌形态名称多达 102 种。

通过实地考察我国西南这些岩溶地貌最发达的地区，他全面而系统地记录了各地不同的地貌形态，如石芽、溶沟、岩溶槽谷、岩溶嶂谷、干谷、盲谷、落水洞、漏斗、溶蚀洼地、岩溶盆地、天生桥、岩溶湖、岩溶泉、峰林、溶帽山等。

在具体的地下岩溶方面，仅在《徐霞客游记》中记载的石灰岩溶洞就有 288 个，其中 38 个是在当地听说的，其余 250 个溶洞都是他亲自去考察的。此外，还有像张公洞、善卷洞这些

他曾经去过但是并未在《徐霞客游记》中收录的溶洞。通过实地考察与对当地人的采访以及县志等材料相结合，他还按照洞穴大小和方向、洞穴类型和形态结构、洞穴生物、洞穴气候、洞穴成因等十二大类来表达自己对溶洞的理解。因此，说徐霞客是世界上最早的石灰岩地貌学者一点儿也不为过。

云南石林保存和展现了最多样化的岩溶地貌形态，世界上所有的岩溶地貌形态几乎都集中在这里，可以说构成了一幅岩溶地质地貌全景图

知识拓展：是谁重新发现了徐霞客？

因为长年的奔波劳累，徐霞客晚年身患重病，还没来得及整理校对他的游记就逝世了。逝世次年，《徐霞客游记》才出版，当时的文稿就已经有很多遗失。

在近代，经过我国地质科学的奠基人丁文江先生的整理与推广，徐霞客的成就才广为世人所知。

1911 年，丁文江从格拉斯哥大学毕业回国后，在云南、广西等地调查地质矿产。广西是《徐霞客游记》中记载较多的地区，所以他阅读了许多徐霞客的事迹。

1921 年，时任地质调查所所长的丁文江任务繁重，难以抽出大量时间仔细整理，于是他嘱托同事在野外作业时代为留意。经过努力，他们陆续提供了徐霞客到过的国内名山详图三十六幅左右。绘制完总图后，丁文江已经是中国地质学会第二届会长，在北京发表了介绍徐霞客生平事迹的英文演讲，后又决定为徐霞客编纂年谱。

1927 年 7 月 7 日，丁文江撰写完成《重印〈徐霞客游记〉及新著年谱序》，成功完成整理工作。全书共二十卷，其中把原书中的前九册各分成上下两卷，第十册为一卷，另以诗文、传志、题赠、校勘、书牍、丛刻、旧序等外编、补编汇成一卷。

丁文江像

郑成功的到来受到了台湾百姓的欢迎，淳朴的人们从家里带来食物和物资，想要犒劳疲惫的郑军。你能在人群中找到这个人吗？

郑成功收复台湾

1661 年，郑成功亲率大军向当时正处于荷兰统治下的台湾进发，经过几个月的包围战，荷兰末代台湾总督揆（kuí）一献城投降。

有两个荷兰人在窃窃私语，你能在画面中找到他们吗？

你能找到这艘小船吗？别看它个头不大，但是却一马当先。

赤嵌城

登陆台湾

投降后，揆一被判处终身监禁，之后被软禁于班达群岛，直到 1674 年，他才在威廉三世的特赦下回到荷兰。

郑成功身边的人名叫何斌，他曾任荷兰通事，后来投奔郑成功，并在郑成功率大军进攻台湾时作为向导随征。收复台湾后，何斌还帮助郑成功稳定了台湾的秩序。

何斌

郑成功

荷兰末代
台湾总督揆一

有一位老农家里很穷，为了表达自己欢迎郑军的心意，他只好带来了菜地里最新鲜的蔬菜。这位朴素的老农在哪儿？

在郑成功的带领下，郑军赶走了荷兰侵略者，一名士兵感到十分自豪，高高地昂着头。快把他找出来吧！

一名士兵高举着左手，正发出冲锋的号令，他在画面中的什么位置？

郑成功受谁的影响最大？

郑成功，明末清初军事家，因为打败了荷兰东印度公司，使台湾不受异族统治而成为民族英雄，台湾民间对他很是尊崇，陆续为他建立庙宇祭祀，其中以台南市延平郡王祠最为重要。

郑成功的人生轨迹与其父郑芝龙密不可分。郑芝龙是福建人，早年间家境贫苦，与他的弟弟一起出海投奔亲戚做生意。在进行海上贸易的这些年，他自学了日语、荷兰语、葡萄牙语，并且皈依了天主教，被称为尼古拉斯·加斯巴德。

因为这些经历，郑芝龙深知西方世界海权（控制海洋的权利）运动的蓬勃发展，并认为海上贸易才是主流，于是，他建立了属于自己的水师，掌握了东亚地区大半的航路。

1633年（崇祯六年），为了强迫明朝答应他们提出的贸易需求，荷兰东印度公司的舰队在福建沿海发起攻击，明朝水师以郑芝龙为先锋迎战，最后获得胜利，史称"料罗湾海战"，中国重新夺回了东亚海上主导权。

郑芝龙后来凭借自己的贸易与海军实力垄断了东南亚贸易，是大航海时代东亚海域的重要人物，为郑成功后来的行动打下基础。

郑成功像

16世纪荷兰航舰

郑成功为什么又被称为"国姓爷"？

清朝入关后，明朝皇室成员流亡于南方，建立南明朝廷。在南京的弘光政权覆灭后，郑芝龙、郑鸿逵兄弟在福州拥立唐王朱聿（yù）键，改元隆武，后世称为隆武帝。

郑成功原名郑森，隆武帝十分欣赏他，于是将明朝最为尊贵的皇姓"朱"赐予他，并赐名成功。所以，郑成功也被称为"国姓爷""朱成功"。

隆武政权灭亡后，郑芝龙认为反清无望，投降清朝。郑成功则选择了一条与父亲不同的道路，他逃到金门，在当地招兵买马，希望创建自己的政权，以厦门、金门岛为根据地，在福建和广东沿海拓展自己的势力。

1647年，郑成功在小金门以"忠孝伯招讨大将军罪臣国姓"之名誓师反清。

荷兰人是什么时候进入台湾的？

随着地理大发现，世界进入大航海时代，欧洲新兴国家纷纷到亚洲拓展势力，希望能够拓展自己的殖民地。荷兰是最早发展海上霸权的国家之一，1602年成立了荷兰东印度公司以便掠夺亚洲殖民地，虽然有马尼拉等要地，但是唯独与中国贸易进展不顺。

当时正是明朝末年，流民丛生，北方告急，政府无暇顾及海防。荷兰人趁机入侵台湾，1624年从大员（今台湾台南安平）登陆，开始占领台湾。1626年，西班牙从基隆登陆，双方产生矛盾。1642年荷兰向西班牙发起进攻，西班牙被打败，退出台湾。

直到1662年，郑成功收复台湾，荷兰才结束了在台湾长达38年的殖民统治。

郑成功为什么要收复台湾？

自从起兵抗清后，郑军转战东南沿海各省作战。但郑成功始终没有取得较大的根据地，只好通过海外贸易与到内地购买等方式筹备粮饷，解决后勤问题。

但是，在1656年（顺治十三年），清政府发布"禁海令"，禁止沿海的商民船只私自入海，用大陆的产品和货物进行海上贸易，切断了郑成功的大部分给养。1659年，郑成功率17万大军北伐南京。北伐开始时势如破竹，但最后失败，导致郑军元气大伤。郑成功不仅失去了大量

郑成功纪念馆

部下，还面临着军粮不足的问题。1662 年（康熙元年），清廷又颁布"迁界令"，将广东沿海地区的居民全部迁出，东南沿海变成无人区，郑成功的军队也就完全被内陆隔离。

为了建立自己的根据地，解决大军的后勤给养问题，为长期抗清做准备，郑成功决定听从部下何斌的建议——收复台湾岛。

郑成功是如何打败荷兰人的？

1661 年 4 月，郑成功留下儿子郑经防守厦门、金门，亲率将士 25000 人、战船数百艘，自金门料罗湾出发，横渡台湾海峡。当时，荷兰人在台湾修建了两大军事要塞，一为热兰遮城，一为普罗民遮城，易守难攻。

4 月 30 日，郑成功军由鹿耳门水道进入台江内海，于禾寮（liáo）港登陆。随后，郑军在台江海域与荷兰军舰展开海战，胜利后，取得台江内海控制权。同时，郑军还在台湾的北线尾地区击败荷兰陆军，包围了普罗民遮城。几天后，驻守普罗民遮城的荷军投降。在取得普罗民遮城作为据点之后，郑军随即围困热兰遮城，试图逼迫荷兰总督揆一投降。揆一拒绝后，郑成功强攻热兰遮城，损失惨重，于是他改变策略，派军屯田，采取长期包围的战略。

热兰遮城复原模型。热兰遮城，又名安平古堡、台湾城，是台湾最古老的城堡、台湾城，不仅曾经是荷兰人统治台湾的中枢，也是郑氏三代人的居城

包围数月后，有荷兰军官叛逃并为郑成功提供建议，于是，郑军炮轰热兰遮城的乌特利支堡，揆一于 1662 年 2 月 1 日向郑成功屈服，台湾收复。

郑经为什么要发动西征？

郑经是郑成功长子，在郑成功死后，他继承了"延平王"的爵位。

三藩之乱时，郑经觉得是个机会。1674 年 4 月，靖南王耿精忠响应吴三桂叛乱，并且以提供战船给郑经为条件换取他出兵，郑经大喜，应允此事。随后，他命令世子郑克臧为监国，从台湾出发，抵达厦门，但是那时，耿精忠已经占领了整个福建，不愿与郑经合兵，双方交恶并发生战争，后来又因为清廷的压力而结成联盟。

1676 年，郑经在东南沿海拥有漳州、泉州、潮州、惠州四座首府，但附近都是盟友，容易因领土争夺起冲突，也是这个原因导致郑耿同盟破裂，耿精忠投降。

耿精忠投降后，郑经必须独自对抗清军主力，以至于被清军击败，退回厦门。1679 年，郑经派遣刘国轩攻陷海澄，但接下来，战况还是出现了僵局。

三藩之乱平定后，清朝再度恢复迁界令，极大地打击了郑氏王朝的贸易，再加上因为连年用兵，台湾政府的国库已经亏空，没有实力维持在大陆的活动。

1680 年，郑经败退台湾，元气大伤，没有实力再主动发起进攻了。

台湾是何时回归清朝的？

退回台湾次年（1681 年），郑经病死，郑氏一族发生内斗，最后郑克塽（shuǎng）即位，但政局依然不稳。这时，清朝的政策已由招抚变为进剿，并打算趁台湾内乱之时用兵，一举收台。

1683 年 7 月 8 日，施琅从铜山岛出发，统率水师两万余人、战船 200 余艘向澎湖进发。16 日，施琅将 156 艘战舰分三路进攻澎湖，准备发动总攻。因为出兵隐秘，澎湖守将刘国轩只得仓促迎战。施琅的进攻十分顺利，左右两路大军夹击郑军，中军直击突破，郑军大败，死伤 12000 余人，俘 5000 余人。

澎湖被占领后，台湾已经无险可守，郑克塽只得投降，结束了郑氏在台湾 22 年的统治。

1684 年（康熙二十三年），清廷设置台厦道，将台湾与厦门共同管理，并在台湾地区设置台湾府，下辖台湾（今台南）、凤山（今高雄左营）、诸罗（今嘉义）三县。

红夷大炮，其原型是欧洲在 1600 年前后制造的舰用长炮，明代后期传入中国，所有类似设计的火炮都被中国统称为红夷大炮，也称红衣大炮